Rügen und Hiddensee sind
auch einem Weltumsegler noch schön.

Adelbert von Chamisso

Inhalt

Vorwort

»Das landschaftlich lohnende Reiseziel der norddeutschen Küstenlande ist bekanntermaßen die Insel Rügen.«

Otto Piper, Jugend und Heimat,
herausgegeben von Reinhard Piper, 1941

Rügen, heißt es in jedem Reiseführer, ist Deutschlands größte und schönste Insel, und damit fängt der Unsinn schon mal an. Denn Rügen ist keine Insel, sondern ein Archipel, das aus einem Dutzend Inseln und Halbinseln besteht. Deren Einwohner behaupten allesamt seit etwa 2000 Jahren, ihr Flecken sei der schönste auf der ganzen Insel. Darin unterscheidet sich der Rüganer nicht vom Sylter oder Oberammergauer. Aber am schönsten ist es auf Jasmund, woher ich komme. Nur damit das schon mal klar ist.

Auch der Rüganer ist eine Erfindung der Reiseführer. Es gibt nämlich nur Jasmunder, Mönchguter, Ummanzer, Wittower, Hiddenseer und Muttländer. Mit Letzteren sind alle die gemeint, die das Pech haben, im Inselinneren zwischen Rambin und Bergen zu wohnen und nicht an der Ostsee oder wenigstens am Bodden.

Jetzt haben Sie schon mal die wichtigsten Inselstämme kennengelernt und müssen nur noch beachten, dass man einem Jasmunder gegenüber niemals vom Mönchgut schwärmen sollte und umgekehrt. Denn wir sind zwar für unsere insulare Gelassenheit bekannt, können aber bei Bedarf auch Leidenschaft entwickeln. Wir gelten auf dem Festland als grantig und maulfaul, aber das kommt bloß daher, weil die meisten Landratten ein bisschen schwer von Begriff sind. Nehmen Sie das nicht persönlich, dafür kann keiner. Wir mussten auf Rügen in den letzten 800 Jahren sechs verschiedene Herrschaften über uns ergehen lassen, und die wollten immer nur unser Bestes. Aber unser Bestes behalten wir lieber für uns. Und da stellt man sich dann eben besser auf langsam.

Wir wissen trotzdem, wie der Hase läuft. Denn im Grunde war es von der Christianisierung bis zur freien Marktwirtschaft immer dieselbe Nummer. Am Ende stand einer da und hielt die Hand auf, weil in den Landeskassen ständig Ebbe war. Aber wo nichts ist, hat nicht nur der Kaiser, sondern auch das Finanzamt sein Recht verloren. Deswegen muss man auf Rügen rechnen können und wissen, wo Kruse den Koem holt. Wer die Inseln und uns verstehen will, der sollte also ein bisschen was über die letzten 800 Jahre wissen. Tut mir leid, aber wenn Ihnen das zu viel ist, können Sie ja auch Pauschalurlaub am Ballermann machen.

Der herzoglich-pommersche Kanzleisekretär Thomas Kantzow behauptete in seiner »Pomerania« von 1538, wir seien: »ein zenkisch und mordisch volck, so dass es eben an ihnen schier wahr ist, was das lateinische sprüchwort besaget: omnis insularis mali − alle inselbewohner sind böse-wichte.« Das war vielleicht um 1500 so, ist heute aber nichts als üble Nachrede. Wir sind friedlich und liebenswürdig, solange man uns nicht komisch kommt. Es gibt ja immer wieder zugereiste Spökenkieker, die besser wissen, was auf Rügen wann und wie gemacht werden sollte. Auch das kennen wir schon seit 800 Jahren.

Von »mordisch« kann jedenfalls heutzutage keine Rede mehr sein. Wir ziehen kein Eisen blank, sondern bevorzugen schnelles Blech aus Wolfsburg oder Untertürkheim. Zänkisch werden wir nur, wenn Sie als Urlauber gemächlich vor unserer Stoßstange herumzuckeln und wir haben dringende Termine. Oder wenn jemand an unseren Koch- oder Essgewohnheiten herummäkelt, weil er oder sie es aus Hamburg oder München anders gewohnt ist.

»Wieso bleibt die Olle nich in ihrem Pöseldorf, wenn da der Kaffee besser schmeckt?«, hörte ich einmal eine Binzer Servierkraft laut ihre Kollegin fragen, während die Pöseldorfer Dame ungläubig in ihren Muckefuck guckte. So offenherzig können wir sein, wenn es drauf ankommt.

Meine Familie lässt sich in den Kirchenbüchern von Jasmund bis 1720 nachweisen. Aber da der Mädchenname meiner Großmutter sogar als Ortsbezeichnung auf der hagenowschen Karte eingezeichnet ist, werden die Steinorts wohl schon länger in den Baumhäusern und Fischerkaten Jasmunds gelebt haben. Meine Großmutter hatte zwölf Geschwister, und entsprechend weiträumig sind wir über die Insel verteilt. Meinen Großonkeln und -tanten verdanke ich viel von dem, was ich Ihnen auf den folgenden Seiten über Rügen erzählen möchte. Deshalb werden sie hin und wieder auftauchen und ein bisschen Plattdeutsch reden. Ihre Geschichten waren immer eine Mischung aus Dichtung und Wahrheit, denn dazwischen groß zu unterscheiden war nicht ihr Ding. Ich dagegen halte mich streng an Fakten und Quellen. Aber wenn Ihnen das zu langweilig wird, können wir jederzeit einen Abstecher ins Reich der Phantasie machen, denn schließlich ist Rügen auch ein Archipel der Märchen und Sagen.

Märchen waren mir immer sympathischer als Mythen, in denen andauernd Götter und Göttinnen vorkommen, die alle miteinander verwandt sind und man am Ende nie weiß, wer mit wem. Das weiß man auf Rügen auch nie, aber wenn Sie nicht vorhaben, sich auf den Inseln niederzulassen, kann es Ihnen ja egal sein.

Man schleppt trotzdem eine Menge Mythen mit sich herum, die man als Kind oder im Internet aufgeschnappt hat und nur schwer wieder loswird. Globalisierung ist gut für den Weltfrieden. Angela Merkel ist Physikerin. Rügen ist die größte Insel Deutschlands. Dabei genügt ein Blick in die Nachrichten, und man sieht, dass es niemals schwachsinnigere Kriege gab als heutzutage, dass man schon nach einem Jahr Abwesenheit von der physikalischen Forschung weg vom Fenster und Rügen ein Archipel ist. Was Kriegsgeschichte und Physik betrifft, will ich mich hier auf keinen Streit einlassen. Aber auf Rügen kenne ich mich seit mehr als 50 Jahren ein bisschen aus. Mit dieser Gebrauchsanweisung möchte ich Ihnen helfen, ein paar märchenhafte Tage auf den Inseln zu verbringen und danach möglichst wohlbehalten auf Ihr heimatliches Festland zurückzukehren. Denn dass Rügen ein harmloses Reiseziel ist, gehört ebenfalls ins Reich der Mythen. Rügen bedeutet Rausch, Romantik und Risiko. »Un dat«, wie mein Kapitän Werner Stief von der SAS Vikingbank gerne sagte, »dat is jo ok de Sinn von de Reis.« Leinen los!

Kreide und Meer

>*» Nie müsse der erschütternde Anblick des wei-*
ten Meeres uns begegnen, ohne daß wir unseren
dankbaren Blick zu Dem hinaufsenden, Der das
Meer ausgoß und Der den Sand, den Kalk und die
Kreide desselben zu festem Ufer setzte.«

Gotthard Ludwig Kosegarten, Uferpredigten, 1794

Woran denken Sie, wenn Sie an Rügen denken? Schneeweiße Kreidefelsen mit rauschenden Buchenwäldern über
smaragdgrüner Ostsee? Knallgelbe Rapsfelder vor azur-
blauem Bodden? Endlose Sandstrände, zugestellt mit Strand-
körben und Sonnenschirmwäldern? Das war nicht immer
so.

Als der Urkontinent Gondwana zerfiel und Afrika sich
von Südamerika verabschiedete, da lagen Rügen und Hiddensee mit dem Rest des zukünftigen Deutschland noch in
den Tiefen eines warmen Kreidemeers und schliefen. Während blutrünstige Mosasaurier die Wogen nach Beute durch-

pflügten, sammelten sich auf dem Meeresgrund Myriaden winziger Coccolithen, die Gehäuseschalen einer planktonisch vagabundierenden Kalkalge, aus der nach 80 Millionen Jahren unter anderem der Königsstuhl und die Stubbenkammer werden sollten. Während die Kreidezeit sich Zeit nahm, versanken Schnecken und Muscheln, Seeigel und Nautilusse, Kalmare und Saurier in jenem weißen Grab, in dem Mutter Natur sie dann langsam in Fossilien verwandelte.

Auch der Feuerstein, aus dem die Steinstrände der Halbinsel Jasmund bestehen, ist organischen Ursprungs. Er enthält Schalen von Kieselalgen und Schwämmen, die durch die Masse der Ablagerungen in Jahrmillionen verdichtet und kristallisiert wurden. Nachdem die Kreideschichten durch das Absinken des Meeresspiegels an die Oberfläche kamen, begann sein zivilisatorischer Siegeszug, denn in der Steinzeit wurden die schärfsten Werkzeuge und Waffen aus Feuerstein gefertigt. Später wurde der »Flintstein« in den Steinschlossflinten aller europäischen Kriege bis ins 19. Jahrhundert verwendet. Heute findet er in der Schönheitschirurgie eine friedlichere Anwendung, weil seine Klingen sichtbare Narbenbildung verhindern. Womit zumindest der Feuerstein die Zweifel am zivilisatorischen Fortschritt widerlegt.

Ich bin mit der Rügener Kreide aufgewachsen. Die Kreidebrüche über Sassnitz, vom Lenzberg bis zum alten E-Werk, leuchteten weiß am Waldrand der Stubnitz und waren unser Abenteuerspielplatz. In ihren Seen konnte man herrlich baden, vor allem, weil es verboten war. Mein Großonkel arbeitete als Meister im Kreidewerk Buddenhagen, wo die Männer noch mit Hacke und Schaufel in die Kreide stiegen und die Kreideblöcke per Hand aus den Absetzbecken in die Trockenschuppen beförderten. Später wechselte er in das neu erbaute Kreidewerk Klementelvitz und wurde dort Meister in der Schlämmerei. Die Rügener Dreikronen-Kreide, die ihren Namen der Schwedenzeit verdankt, wurde nach ganz Europa exportiert. Man verwendete sie in der Düngemittel- und Farbindustrie, für die Pharmazie und in Zahnpasten, aber längst nicht mehr als Tafelkreide für die Schulen. Mein Onkel weckte mein Interesse an Fossilien, indem er mir ausgeschlämmte Seeigel oder Ammoniten mitbrachte. Manchmal durfte ich ihn auf seinen Inspektionsgängen zum Blauen und Grünen Meer, zwei aufgelassenen Kreidebrüchen in der Nähe des Werks, begleiten. Dort zeigte er mir, wie man Fossilien in den eingelagerten Feuersteinschichten finden und vorsichtig bergen konnte. Das war aufregender als jede Schatzsuche. Als ich zur Schule kam, hing in meinem Klassenzimmer eine große Farbtafel des tschechischen Ur-Naturmalers Zdeněk Burian, die eine Unterwasserlandschaft voller Seelilien und Korallen zeigte, in der zuckertütenbunte Kalmare herumwuselten. Später fand ich bei meinem Großvater eine Sammlung von Saurierbildern, die die Wandsbeker Kakao-Compagnie Reichardt mit Texten von Wilhelm Bölsche herausgegeben hatte und in der schreckenerregende Ichthyosaurier, Mosasaurier und Urwale jagten.

Wenn ich aus meinem Sassnitzer Klassenzimmer aufs Meer sah, stellte ich mir vor, dass ihre versteinerten Skelette noch immer dort in der Kreide oder im Ostseeschlick stecken müssten. Die Kreidezeit war Teil meines Alltags, und ich wollte Saurierforscher werden, um die versunkenen Ungeheuer ans Tageslicht zu holen, wie ich es auf Fotografien im Berliner Naturkundemuseum gesehen hatte. Meine Expeditionen ans Dwasiedener Ufer waren aufregender als jeder Jurassic Park, wenn ich ein Stückchen Echsenhaut auf einem Feuerstein fand.

Auch heute wird in Klementelvitz noch immer Rügener Kreide abgebaut und unter anderem zur begehrten Dreikronen-Heilkreide verarbeitet. Viele Hotels der Insel bieten Kreidebäder und Peelings an, die angeblich zu einem Muss für Rügenbesucher gehören. Sie sollen mindestens so heilsam sein wie eine Moorpackung, nur dass man dabei blütenweiß aussieht. Und man bekommt eine Ahnung davon, wie sich ein Saurier im Kreideschlamm gefühlt hat. Das Kreidemuseum in Gummanz auf Jasmund, das einzige seiner Art in Europa, erzählt die Geschichte der Rügener Kreide und bietet Exkursionen zu den Kreidebrüchen an, wo man sich unter fachkundiger Anleitung seinen eigenen Seeigel aus der Kreide polken kann.

Nach der Kreidezeit zerbrachen tektonische Kräfte die weiße Pracht unter Wasser und hoben sie hoch aus dem flachen Schelf über den Meeresspiegel. In der Eiszeit schoben sich skandinavische Gletscher über die Kreideklippen und hinterließen Findlinge und Fjordgeröll. Sie rückten bis auf eine Linie zwischen Dortmund, Leipzig und Dresden vor, deren Verlauf man noch heute an den Feuersteinfunden nachzeichnen kann. Als die Gletschergiganten nach der dritten Eiszeit zurückwichen, formten sie mit ihren Schmelzwasserströmen die Landschaft der norddeutschen Tiefebene. Auf Rügen liegen die Ablagerungen aus dieser Zeit nur wenige Meter tief unter der Erde, weswegen die Kreide im Tagebau abgebaut werden kann.

Um 15 000 vor Christus war unsere Küste wieder eisfrei und die Temperaturen stiegen. Mit den Tundramoosen kamen Birken und Weiden, zwischen denen Rentiere ästen. Das Gebiet von Rügen war noch mit dem Festland verbunden und die Baltische Eisstausee schlug gegen die Gletscherwände im Norden. Knochenfunde bei Mukran und am Bug haben gezeigt, dass damals Wale durch unsere Gewässer zogen. Eine Muschel namens Yoldia arctica schenkte ihm ihren Namen: Yoldia-Meer. Dann gab es zwischen 6800 und 5500 vor Christus noch einmal tektonische Hebungen, die das Meer von der heutigen Nordsee abschnitten. Die zuströmenden Flüsse verwandelten es in einen riesigen Süßwasserteich, der seinen Namen einer kleinen Napfschnecke verdankt: Ancylus-See. Auch in dieser Zeit gehörten die Rügener Gestade noch zum Festland. Kiefern siedelten sich auf dem Tundraboden an, ihnen folgten Erlen und Ulmen. Zum Ren gesellten sich Elche und Bisons, auf die die ersten Rüganer Jagd machten. Von ihnen hat sich bei Ausgrabungen eine Harpune und eine bearbeitete Rentierstange gefunden, die ältesten Zeugnisse der ersten Siedler.

Um 5500 vor Christus stieg der Meeresspiegel wieder und über den Öresund floss Salzwasser aus der Nordsee zu, in dem sich die Muschel Litorina litorea wohlfühlte. Das Litorina-Meer machte Rügen um 2500 vor Christus endlich zur Insel, auf der sich nach und nach Eichen ansiedelten, die noch 4000 Jahre später als stumme Zeugen der Vergangenheit in den Gemälden der Romantik aufragten.

Die Hinterlassenschaften von Kreide- und Eiszeit wurden zu Souvenirs, die noch heute begehrt sind. Einen Feuerstein mit einem kreisrunden Loch nennt man auf Rügen einen Hühnergott, denn nach dem Glauben der alten Slawen, die hier lebten, stimulierte dieses geologische Unikum die Legefreude ihrer Hühner und schützte sie durch ihr Geklapper vorm Fuchs. Das Loch stammt von den Einlagerungen ehemaliger Seelilienstängel. Die Rüganer nannten ihn auch Drudenstein, weil ihm magische Kräfte zugeschrieben wurden, und trugen ihn um den Hals oder in der Hosentasche. Meine Großtante Ella hat mir gezeigt, wie man sich mit einem Hühnergott einen Wunsch erfüllen kann. Man muss ihn selber finden, durch das Loch auf den Horizont gucken, sich dabei etwas wünschen, dann auf den Stein spucken und ihn immer bei sich tragen. Man darf einen Hühnergott natürlich nicht überfordern. Er hilft gegen den bösen Blick und Hexenschuss, aber nicht gegen Finanz- und Ehekrisen.

Zum 50. Geburtstag meiner Freundin hatte ich leichtsinnig versprochen, jedem der Gäste einen Hühnergott neben die Serviette zu legen. Deswegen machte ich mich an einem frühen Sommermorgen am Ufer der Stubbenkammer auf die Suche. Gegen Mittag hatte ich gerade zwei Dutzend aus dem Spülsaum der Ostsee gefischt, als ich plötzlich einen dunkelbraunen Stein entdeckte, den ich zuerst für einen Donnerkeil hielt. Bei näherem Hinsehen erwies sich das seltsame Stück als ein gebogener Zahn in der Größe eines kleinen Kinderfingers. Als ich am Nachmittag meine Hühnergötter zusammenhatte, schlug ich in Professor Nestlers »Fossilien der Rügener Schreibkreide« nach und entdeckte: »Sehr selten sind Reste von höheren Wirbeltieren, die einstmals schwimmend im Kreidemeer lebten. Funde von Zähnen weisen darauf hin, dass einzelne Mosasauriden auch in diesem Meer vorkamen.«

Ich hatte einen Mosasauruszahn gefunden! Meine Euphorie wurde später allerdings leicht gedämpft, als ich im Museum of Natural History in New York City ein Mosasaurusskelett sah. Mein Fundstück muss von einem Saurierbaby stammen. Aber immerhin erfuhr ich bei der Gelegenheit, dass kein Geringerer als Napoleon Bonaparte den ersten Mosasaurusschädel, den der Chirurg Hoffmann 1770 in einem Steinbruch bei Maastricht gefunden hatte, als Kriegsbeute nach Paris bringen ließ. Dort erkannte Georges Cuvier, dass es sich um eine ausgestorbene Riesenechse handelte, die mindestens 18 Meter lang gewesen war. Womit wir wieder bei den Fossilien sind.

Einer der häufigsten Funde im Feuersteingeröll zwischen Sassnitz und Lohme sind die sogenannten Donnerkeile. Die Kunde von diesen versteinerten Schwanzenden kreidezeitlicher Kalmare findet sich bereits in Ovids »Metamorphosen« und bei Plinius, wo er als »Luchsstein« beschrieben wird.

Die Griechen und Römer sahen ihn als ein Allheilmittel gegen Fieber, Sodbrennen, Verstopfung und sogar gegen Kinderlosigkeit an. Man hängte sich den glänzenden Belemniten um den Hals oder zerrieb ihn zu einem Pulver, das geschluckt wurde. Von Letzterem rate ich aus gesundheitlichen Gründen ab, obwohl diese Praxis sich auf Rügen bis ins 19. Jahrhundert erhalten und weiter keine sichtbaren Schäden angerichtet hat. Kein Grund zur Häme: Anderswo zerreiben sie noch heute Nashornspitzen und kauen Tigerpenisse. Der Glaube an die Heilkräfte des Donnerkeils stammte von der Annahme, es handele sich um versteinerte Blitze des Gottes Donar, der sie bei Gewitter auf die Erde schleuderte. Dass Griechen und Römer an die Kraft germanischer Götter glaubten, ist ein schönes Beispiel dafür, dass schon früher religiöse Toleranz nicht vor Blödsinn schützte. Den Paläontologen dient der Belemnit als Leitfossil, sie bestimmen damit das Alter der Rügener Kreideschichten.

Einer der ersten systematischen Sammler war der Unternehmer und Privatgelehrte Friedrich von Hagenow, dem wir auch die »Spezial Charte der Insel Rügen« von 1829 verdanken, die erste topografisch exakte Karte der Insel. Von Hagenow galt als einer der besten Geologen seiner Zeit und war Pächter der rügenschen Kreidebrüche, die ihn mit einer Fülle von Fossilien versorgten. Seine »Monographie der Kreideversteinerungen von Neupommern und Rügen« von 1840 war eine der ersten wissenschaftlichen Arbeiten auf diesem Gebiet, wurde aber von den Universitätsprofessoren nicht ernst genommen. Was konnte schon ein Mann, der in der Kreide herumschlämmte und auch noch Geld damit verdiente, von Paläontologie verstehen? Die Wurzeln akademischer Praxisferne liegen im deutschen Theoriebetrieb so tief wie die Gastropoden in der Kreide.

Ein anderes beliebtes Fossil ist der versteinerte Seeigel, auf Rügen auch als Kreuzstein oder Schlangenei bekannt. Man legte ihn den Neugeborenen als Schutz gegen Hexen in die Wiege oder in die Futtertröge der Ställe, um das Vieh gegen Verzauberung und Ungeziefer zu schützen. Heute findet man meistens nur den vom Feuerstein ausgefüllten Hohlraum des Gehäuses, den steinernen Abdruck des eigentlichen Seeigels. Wer ein Original haben will, bewaffne sich mit Spatel und Geduld und gehe in einem der aufgelassenen Kreidebrüche Jasmunds mit dem Fossilienexperten Manfred Kutscher vom Kreidemuseum auf die Suche.

Auch der Bernstein blieb von alchimistischer Verwendung nicht verschont. Dieser noch heute am meisten gesuchte und gehandelte Stein galt in der Antike als »Gold der Ostsee«. Hippokrates, der Begründer der antiken Medizin, beschrieb schon im sechsten Jahrhundert vor Christus seine Heilkräfte. Angeblich half Bernstein gegen Fieber und Delirium und sogar bei Geistesverwirrung. Auch Ovid besingt ihn in seinen »Metamorphosen«, und zwar als »Tränen der Heliaden«, die nach Phaetons Tod in Pappeln verwandelt wurden und goldenes Harz um ihren Bruder vergossen. Rufus von Ephesos, der große Arzt der römischen Kaiserzeit, empfahl Bernsteinamulette und begründete damit ein neues Kunsthandwerk. Beispiele dieser filigranen Schnitzereien fanden sich in Troja und Mykene, in den Höhlen des Kyffhäuser und im englischen Amesbury. Im Mittelalter glaubte Hildegard von Bingen an den Bernstein als Heilmittel gegen die Pest und riet, ihn in Wein oder Wasser zu legen, damit er seine magischen Kräfte entfalten könne. Ich habe es mal in Sanddorngeist versucht und es half ausgezeichnet gegen das langweilige Tischgespräch, das mit jedem Schluck interessanter wurde. Weil die römischen und arabischen Kaufleute Bernstein mit Gold aufwogen, verboten sowohl die deutschen Ordensritter als auch die pommerschen Herzöge ihren Untertanen das Sammeln und Verkaufen. Wer Bernstein fand und ihn nicht ablieferte, dem drohte die Todesstrafe.

Nach der Niederlage der Ordensritter bei Tannenberg übernahm die Hanse Anfang des 15. Jahrhunderts das

Monopol und ließ das Gold der Ostsee in ihren Werkstätten in Brügge, Lübeck und Danzig veredeln. Als magischer Schmuckstein war er in Ringen, Ketten und sogar in Kronen begehrt. 1701 gab König Friedrich I. in Preußen das berühmte Bernsteinzimmer für das Berliner Schloss in Auftrag, das der Kunstbanause, der sein Sohn war, bei Zar Peter I. gegen 55 »Lange Kerls« für seine Leibgarde eintauschte. In den Wirren des Zweiten Weltkriegs ist es 1944 in Königsberg verschollen und beschäftigt noch immer Schatzsucher aus aller Welt. Im Palast von Zarskoje Selo bei Petersburg haben russische Kunsthandwerker inzwischen eine Kopie aus einer halben Million Bernsteinstückchen geschaffen und der Mythos des Goldes von der Ostsee strahlt so bis in unsere Gegenwart. Wenn Sie genau hinsehen, werden Sie entdecken, dass auch Angela Merkel in Krisenzeiten oft eine Bernsteinkette trägt.

Seinen Namen verdankt der Bernstein der Eigenschaft, dass er entzündbar ist – »bernen« bedeutet im Niederdeutschen brennen. Aber probieren Sie das lieber nicht. Es könnte ja sein, dass sich in Ihrem Fundstück ein tertiärer Käfer oder ein Blütenblatt befindet, die vor etwa 50 Millionen Jahren in dem flüssigen Baumharz eingeschlossen wurden. Dann haben Sie ein seltenes Stück gefunden, und wenn Sie es vorsichtig polieren, können Sie die uralten Gefangenen bewundern. Statt des Feuers empfehle ich im Zweifelsfall die Wasserprobe: Weil Bernstein leichter ist als Salzwasser, schwimmt er oben. Alles, was sinkt, können Sie vergessen.

Vom Kauf besonders schöner eingeschlossener Insekten oder gar kleiner Reptilien rät der Hiddenseer Bernsteinspezialist Henry Engels ab. Darauf haben sich russische Fälscher spezialisiert, die auch grünen und blauen Bernstein zu astronomischen Preisen anbieten, ohne Sie über deren Herkunft aus der Retorte aufzuklären. Sollten Sie irgendwo auf Rügen einen ganz besonders exklusiven Schmuck angeboten bekommen, fragen Sie vorher besser bei Engels und Corrigan in Kloster an.

Wenn Sie aus Ihrem Urlaub ein Stückchen Inselgeschichte mitbringen wollen, dann setzen Sie sich an den Feuersteinstrand und suchen Sie. Die Kreidezeit hat sich fast 80 Millionen Jahre Zeit genommen, da werden Sie ja wohl eine Stunde übrig haben.

Land und Leute, Platt und Hoch

»… die Menschen auf Rügen waren damals unge-
bildeter, aber eigentümlicher, mannigfaltiger und
poetischer als jetzt, das Naturgepräge war noch
nicht zur glatten Einhelligkeit abgeschliffen, man
konnte mehr von ihnen lernen …«

Ernst Moritz Arndt, Erinnerungen aus dem äußeren
Leben, 1815

Rügen war schon früh in ganz Europa bekannt, wenn auch
aus unterschiedlichen Gründen. In der Antike wurden sein
Bernstein und sein Honig geschätzt, denn Rügen ist uraltes
Bienenland. Die hier ansässigen Slawen nutzten den Honig
für ihre Kuchen und ihren Met und waren erfahrene Imker.
Im Mittelalter wurde Rügen, zumindest in höfischen Kreisen, durch die Minnelieder von Wizlaw III. berühmt sowie
durch die große Sturmflut von 1304, die einen Teil des
Mönchguts mit sich riss. Sie schuf das »Neue Tief« und die
warnende Sage von der reichen Frau, die ein Brot als Tritt-

stein benutzte und damit ein göttliches Strafgericht auslöste. Schon damals waren meine Landsleute von Apokalypsen fasziniert. Nachrichten von Naturkatastrophen verbreiteten sich ebenso schnell wie die vom Auftauchen seltsamer Meeresungeheuer. Das Bild eines Orcas, der 1545 an der Ostseeküste strandete, kann noch heute in der Greifswalder Marienkirche bewundert werden. Konrad Gessner beschrieb ihn 1558 in seinem Buch »Von den Fischen« erstmals wissenschaftlich als Schwertwal.

In der Hansezeit schätzte man auf den Märkten den Rügener Hering und sang Balladen über Klaus Störtebeker und seinen Steuermann Goedeke Michel. Im Dreißigjährigen Krieg galt die Insel den Feldherren beider Konfessionen als wichtiger strategischer Brückenkopf für die Herrschaft über die Ostsee. In der Schwedenzeit entstanden barocke Schlösser und Herrenhäuser, deren Pracht bis heute zu den Sehenswürdigkeiten der Insel zählt. Und nach der Niederlage Napoleons und dem Beginn der Preußenherrschaft entdeckten die Romantiker Rügen. Von dieser Entdeckung lebt die Insel noch heute, denn ohne die Bilder Caspar David Friedrichs wüsste niemand in Amerika oder Asien, wo in aller Welt sie liegt. Die Nationalsozialisten und ihre Nachfolger versuchten mit Macht, die Insel zur Ostseefestung auszubauen. Diese Hinterlassenschaften verschandeln unsere Küsten bis heute, wenn auch Mutter Natur inzwischen kräftig aufgeräumt hat. Das wird sie auch mit dem Lieblingsprojekt der Großen Koalition von Blech und Beton tun, die gerade dabei ist, das halbe Muttland unter einer Autobahn in den Dimensionen des Los Angeles Freeway zu begraben. Dass dafür die alten Alleen verschwinden müssen, kommentierte die Bundestagsabgeordnete für Rügen und Stralsund, Bundeskanzlerin Dr. Angela Merkel, beim Spatenstich im Juni 2011 mit den Worten: »Hauptsache, die Staus sind weg. Alles andere ist egal.« Natürlich sollte auch dieses Unternehmen jede Menge neue Arbeitsplätze schaffen, aber auf Nachfrage konnte ich nirgends erfahren, wie viele es geworden sind. Wenn die Versprechungen, die den Rüganern anlässlich solcher Mammutprojekte seit 1990 gemacht wurden, wahr wären, müsste jeder inzwischen zwei Arbeitsplätze haben. Doch die Arbeitslosigkeit lag im Herbst 2012 auf Rügen immer noch bei elf Prozent.

Sind die Insulaner tatsächlich so konservativ und obrigkeitshörig, wie es seit Helmold von Bosaus Chronik kolportiert wird? Um darauf eine Antwort zu finden, lohnt sich noch einmal ein Blick in die Vergangenheit.

Seit der Eroberung durch die Dänen im Jahr 1168 haben die Rüganer gelernt, dass sie von jeder neuen Obrigkeit zuerst neue Steuern und Abgaben zu erwarten haben – egal, ob der Adler auf der Staniza – dem Feldzeichen der Slawen –, dem Preußenschild oder der Bundesfahne seinen Schnabel aufreißt. Im schlimmsten Fall mussten sie sogar ihre Haut aufs Feld der Ehre tragen und fanden bei ihrer Rückkehr nur noch rauchende Trümmer und verbrannte Erde vor. Doch sie bauten ihre Dörfer und Städte immer wieder auf, setzten Reusen und Segel und fanden die Löcher im Gesetz genauso schnell wie die in ihren Netzen.

Das hat uns in den letzten tausend Jahren allen Heilsversprechungen gegenüber misstrauisch gemacht, aber auch plietsch. Dieses schöne plattdeutsche Wort ist eine Verkürzung des hochdeutschen »politisch« und bedeutet so viel wie mit allen Wassern gewaschen und mit allen Dienstvorschriften gehetzt.

Nach einem Bordunfall saß ich im November 1978 einen ganzen Monat lang mit einem Fischer, der wegen seiner Augen nicht mehr zur See fahren durfte, im Wachhäuschen des Fischkombinats und musste die Betriebsausweise kontrollieren. Obwohl nach Schichtbeginn kaum noch jemand unser Tor am Schlängelweg passierte, war Lesen streng verboten. Als ich meinem Kollegen vorschlug, uns wegen dieser sinnlosen Zeitverschwendung bei der Kombinatsleitung zu beschweren, sah er mich mitleidig an und erwiderte: »Gehe nie zu deinem Fürst, wenn du nicht gerufen wirst.« Ich konnte nicht genau heraushören, ob da nicht eine Portion Ironie wegen meiner Ahnungslosigkeit mitschwang.

Aber gern gingen die Rüganer noch nie zu ihren Fürsten. Und sie ließen sich auch nur ungern zu etwas Neuem überreden, weil Neuerungen meistens Unruhe mit sich bringen. »Dat hebben wie schon ümmer so makt. Dat hebben wie noch nie so makt. Dor künn jo jeder kümm.« So lautet der Dreisatz unserer Abwehr gegen jeden »niemodschen Krom«. Vor allem wenn der vom Festland auf die Insel importiert wird und unser Geld kosten soll.

Diese Erfahrung musste schon der Gingster Pfarrer Johann Gottlieb Picht machen, nachdem es ihm gelungen war, die leibeigenen Untertanen seiner Kirchgemeinde 1774 durch allerhöchste schwedische Zustimmung in die Freiheit zu entlassen. Nicht alle seiner Pfarrkinder waren davon erbaut.

Manche witterten dahinter sogar einen besonders perfiden Schachzug, sie um ihr Altenteil zu bringen. Schließlich hatte die Herrschaft, weltlich oder geistlich, für sie zu sorgen, wenn sie nicht mehr aufs Feld gehen und sich selber ernähren konnten. Auch die Einrichtung einer Leinenweberei, die Picht umsichtig vorbereitet hatte, stieß zunächst auf Ablehnung und Hohn. Aber der Pfarrer war plietsch genug, seine Gingster an die Webstühle zu locken und ihren Damast durch gute Beziehungen bis an den schwedischen Königshof zu verkaufen. Doch die Entwicklung des mechanischen Webstuhls durch Edmond Cartwright in England machte diesen kurzen Aufschwung nach 1790 bald wieder zunichte.

Kein Wunder also, dass politische und technische Neuerungen es schon damals auf Rügen schwer hatten. Seine adligen Nachbarn empörten sich ohnehin über Pichts unerhörten Vorstoß, und als der schwedische König 1806 die Leibeigenschaft »für alle deutschen Gebiete der schwedischen Krone« aufhob, schrien sie Zeter und Mordio. »Nun ist hier gar der Teufel los!«, schrieb Friedrich Carl Arndt aus Bergen an seinen Bruder Ernst Moritz, dessen Schrift über die »Geschichte der Leibeigenschaft in Pommern und Rügen« wesentlich zu diesem Schritt beigetragen hatte. »Du machst Dir keinen Begriff von dem Getümmel und Gewimmel unserer Tyrannen. Machen sie doch einen Lärm, als wenn nun erst das deutsche Reich unterginge.« Gotthard Ludwig Kosegarten, Pfarrer von Altenkirchen, hat diesen Menschenschlag schon in seinem Drama »Die Ralunken« beschrieben. Und an die Reaktion der gerade Befreiten erinnerte sich 50 Jahre später der alte Demokrat Arnold Ruge: »In Wahrheit ließen sich die Rüganer nur befreien, weil sie es nicht hindern konnten. Diejenigen, welche mir Schuld geben, ich hätte den Deutschen immer zuviel zugetraut, wissen nicht, wie früh ich ihr Talent, sich ihren Befreiern zu widersetzen, kennen gelernt.«

Auch Gotthard Ludwig Kosegarten, der sein Leben lang von Rügen schwärmte, war von den Inselbewohnern eher ernüchtert und schrieb in seinen »Briefen eines Schiffbrüchigen«: »Es war dies Völkchen seit Alters her im Ruf der Störrigkeit, Rechthaberey, Prozess- und Zanksucht. Die Leute waren im Stande, um einen Pflasterstein, um einen Eckpfosten, um einen Düngepfahl zu hadern mit einer Wuth und Erbitterung, als gälte es Leib und Leben, Seel und Seeligkeit.«

Umso erstaunlicher ist es, wie viele Rüganerinnen und Rüganer sich aus dieser insularen Beschränktheit lösten und Neuland betraten. Dazu mussten sie die Insel allerdings verlassen, werden aber noch heute gern als ihre großen Söhne und Töchter gefeiert: Ernst Moritz Arndt (1769–1860), Patriot und umstrittener Propagandist eines deutschen Nationalstaats; Theodor Billroth (1829–1894), Begründer der Magenchirurgie und Direktor der Kliniken von Zürich und Wien; Hans Delbrück (1848–1929), Historiker und Begründer der deutschen Militärgeschichtsschreibung; Max Delbrück (1850–1919), Agrarwissenschaftler und Begründer der modernen Gärungstechnologie; Johann Jacob Grümbke (1771–1849) und Otto Fock (1818–1872), die beiden bedeutendsten Inselhistoriker des 19. Jahrhunderts; Alfred Haas (1860–1950), Ethnologe und Sagenforscher; Gotthard Ludwig Kosegarten (1758–1818), Probst von Altenkirchen und erster Poet Rügens; Arnold Ruge (1802–1880), Historiker und mit Karl Marx Herausgeber der »Deutsch-Französischen Jahrbücher«, und, last but not least, Franziska Tiburtius (1843–1927), die erste deutsche Ärztin und Begründerin der »Klinik weiblicher Ärzte« in Berlin. Ihnen allen werden wir auf unserem Spaziergang um die Insel wiederbegegnen. Sie haben in ihren Forschungs- und Erinnerungswerken ein heute noch lebendiges Bild aus der Rügener Vergangenheit überliefert.

Noch illustrer ist die Galerie von Künstlerinnen und Künstlern, Wissenschaftlern und Politikern, der Damen und Herren von Welt und Halbwelt, die zwischen 1790 und 1990 dem Ruf Kosegartens gefolgt sind und während oder nach ihrer Rügenreise den Ruhm der Insel mit Romanen, Gemälden, Gedichten und Liedern verbreiteten, so dass Rügen und Hiddensee sich zu Recht als Künstlerinseln betrachten. Von Chamisso bis Grass, von Friedrich bis Feininger, von Brahms bis Felsenstein – auch sie werden uns unterwegs begegnen und ihre begeisterten bis bissigen Kommentare abgeben. Seit der Dichter Karl Lappe (1773–1843) in Stralsund die Zeitschrift »Sundine« gründete, wird über Aufenthalt und Urteil berühmter Besucher ausführlich berichtet. Die »Ostsee-Zeitung«, die zu

DDR-Zeiten als »Wasser-Prawda« verspottet wurde und noch immer einen Hang zur politischen Hofberichterstattung hat, konnte in ihrem Kulturteil diese Tradition bisher bewahren. Allerdings macht sich auch hier der Trend bemerkbar, dem Auftauchen jedes TV-Starlets oder Casting-Show-Clowns mehr Aufmerksamkeit zu widmen als renommierten Künstlern. Aber die nehmen das gelassen. Als ich mich bei einem bekannten Autor deswegen entschuldigte, entgegnete der nur trocken: »Eine Insel, die die Bilder Caspar David Friedrichs, den Schlusssatz der 1. Symphonie von Brahms und Sanddornschnaps hervorgebracht hat, kann nicht ganz schlecht sein.«

Und es ist eine Insel, auf der Platt gesprochen wird: »Hest Tiet för'n lütten Schnack?«

Ich hatte das Glück, auf Rügen zweisprachig aufzuwachsen. Bei meiner Großmutter und den Großtanten wurde Platt gesprochen, zu Hause und in der Schule Hochdeutsch. Da meine Tanten und Onkel niemals ein Blatt vor den Mund nahmen, gefiel mir das Plattdeutsche, weil man darin viel besser Witze erzählen und fluchen kann. Außerdem schwingt selbst in groben Ausdrücken noch etwas Liebevolles mit. »Du Schieter!« klingt einfach herzlicher als »Du Scheißer!«. Es zischt nicht so hysterisch, denn Hysterie ist auf Platt undenkbar. Wenn meine Tanten und Onkel Läuschen und Riemels erzählten, Märchen und Sagengeschichten, dann taten sie das natürlich auch auf Platt und so hatte ich das Glück, den »Fischer und syne Fru«, »Hase und Igel«, »Jungfrau Maleen« und den »Machandelboom« zum ersten Mal im Original zu hören, denn viele der grimmschen Märchen kommen aus dem Niederdeutschen. So heißt Platt auf Hochdeutsch und ist »die Sammelbezeichnung für die Dialekte, die nicht von der zweiten Lautverschiebung erfasst wurden«, wie das Lexikon Mecklenburg-Vorpommern von Hinstorff weiß.

Das bedeutet, dass wir Appel sagen statt Apfel, Pepper statt Pfeffer und Water statt Wasser. Sie sehen, warum ein Plattschnacker leichter Englisch lernen kann als ein Sachse. Obwohl unser Dialekt im Altsächsischen wurzelt, aus dem auch das Angelsächsische kam. Er breitete sich ab dem 11. Jahrhundert als Mittelniederdeutsch bis ins Baltikum aus und die Hanseaten trugen es als Korrespondenzsprache tief in den süddeutschen Raum. Aber gegen das Sächsische konnte es sich dort nicht durchsetzen. Dafür ist unser Norddeutsch gerade mal wieder zum beliebtesten deutschen Dialekt gewählt worden und die Sachsen wurden Letzter. Sie hatten ihre Chance und müssen nun eben »een Scheelchen Heeßen« trinken statt »een groten Pott Kaffe«.

Der berühmte »Sachsenspiegel« des Eike von Repgow aus dem Jahr 1225 ist übrigens auch auf Platt, genauer: auf Mittelniederdeutsch überliefert. Andere plattdeutsche Preziosen sind »Reynke de Vos« , das Urbild des Reineke Fuchs aus dem 13. Jahrhundert, die Lieder des »Rostocker Liederbuchs« aus dem späten 14. Jahrhundert und das »Redentiner Osterspiel« von 1464, die bedeutendste deutschsprachige Osterpassion des Mittelalters. Nach dem Niedergang der Hanse ging es leider auch mit dem geschriebenen Platt bergab und der sprachliche Einfluss des Hochdeutschen setzte sich zuerst in den adligen Kanzleien und auf den Kanzeln durch, später auch in den Handelskontoren, im Rechtsverkehr und auf den Schulen und Universitäten. Dadurch wurde das Niederdeutsche von der Schreib- zur Sprechsprache herabgestuft und schließlich zum Dialekt. Aber im 19. Jahrhundert gab es durch die Romane und Erzählungen von Fritz Reuter und John Brinckmann und die Verlagstätigkeit Dethloff Carl Hinstorffs noch einmal eine Renaissance des Plattdeutschen. In ihren Büchern lässt sich nachlesen, wie bildhaft, musikalisch und humorvoll das alte Platt sein kann. Die Märchen- und Sagensammlungen von Alfred Haas und Richard Wossidlo haben die Wurzeln dieser Literatur aus dem überlieferten Erzählen vor dem Vergessen bewahrt.

Meine folgenreichste Begegnung mit dem Plattdeutschen hatte ich im Frühjahr 1971 im Theater Putbus. Meine Mutter besaß ein Abonnement für die »Fritz-Reuter-Bühne« aus Schwerin, die regelmäßig auf Rügen gastierte. Da mein Vater auf See war, durfte ich eines Abends mitkommen. Gegeben wurden zwei Einakter von Sean O'Casey, die aus seinem Dubliner Englisch ins pommersche Platt übertragen waren: »Dat End vun Anfang« und »Een Pund afheben«. Niemals zuvor und selten später habe ich etwas Komischeres auf der Bühne gesehen, und das lag nicht nur an der Slapstick-Dramaturgie O'Caseys, sondern vor allem am Plattdeutschen. Ich lachte Tränen und bekam schwere Zweifel, ob ich statt zur See nicht besser zum Theater gehen sollte. Aber dann war das Fernweh doch stärker und ich sagte mir, dass ich nach ein paar Jahren Fahrenszeit ja immer noch auf die anderen Planken ummustern konnte. Da es später bei den Proben genauso dunkel war wie im Maschinenraum und da in der Kantine genauso viel getrunken wurde wie an Bord, war ich schon ein bisschen vorbereitet.

Heute wird das Rügener Platt nur noch von der Generation meiner Mutter gesprochen und mehr und mehr durch das Missingsch, eine Mischung aus Platt- und Hochdeutsch, verdrängt. Der Sassnitzer Klönklub pflegt noch das echte Platt und sollten Sie nach Rügen ziehen, dann tun Sie etwas für die Erhaltung des ältesten deutschen Dialekts und werden Sie Mitglied. Mit dem »Kleinen Plattdeutschen Wörterbuch« von Renate Herrmann-Winter, das mit Liebe und Sorgfalt das Werk von Johann Carl Dähnert fortsetzt, ist dat gor keen Probleem. Am Ende dieses Buches finden Sie ein Alphabet meiner plattdeutschen Lieblingsworte, mit denen Sie schon mal anfangen können.

Flora, Fauna und Beton

»In dieser schauerlich schönen Wildnis, unter diesen grünen Buchenhallen, vor diesem ungeheuren Lasurspiegel des Meeres sollten nur ernste und hohe Gedanken in der Brust des Naturfreundes aufkeimen.«

Johann Jacob Grümbke, Streifzüge durch das Rügenland, 1805

Der Nationalpark Jasmund ist mit seinen 3000 Hektar zwar der kleinste in Deutschland, dafür hat er aber mit dem Königsstuhl das bekannteste Wahrzeichen. Caspar David Friedrich hat ihn mit seinen »Kreidefelsen auf Rügen« weltberühmt gemacht, obwohl er darauf gar nicht zu sehen ist. Das buchenbestandene Hochufer mit den weißen Kreideklippen und seiner vielfältigen Tier- und Pflanzenwelt hat dem Nationalpark 2011 den Titel des Unesco-Weltnaturerbes eingebracht. Damit schmücken sich heute die Politik- und Tourismusvereine, obwohl viele aus ihren Reihen nach 1989 diese Küste am liebsten mit Hotels und Spaßbädern zugepflastert hätten. Dass es dazu nicht kam, ist in erster Linie den Naturschützern um Leberecht Jeschke, Hans-Dieter Knapp und Michael Succow zu verdanken, denen es gelang, auf der buchstäblich letzten Ministerratssitzung der Regierung Modrow am 16. März 1990 die buchstäblich letzte Gesetzesvorlage zur Einrichtung von Biosphärenreservaten und Nationalparks zur Verabschiedung zu bringen. Die wurde nach den ersten freien Wahlen in der DDR sofort von der vereinten Agrar- und Betonlobby in Ost und West torpediert und um Haaresbreite aus dem Einigungsvertrag gekippt. Wenn es nicht so engagierte Berater wie den westdeutschen Juristen Arnulf Müller-Helmbrecht im letzten Umweltministerium der DDR gegeben hätte, der die Intrigenspiele der deutschen Automobil-, Landwirtschafts- und Verkehrsindustrie bestens kannte. Die B 96n ist ihre späte Rache, denn ist die erst einmal bis Mukran vorangetrieben, so das Kalkül, wird man auch noch das Schlussstück bis nach Sassnitz und zum Nationalpark durchdrücken. Der Nürburgring ist überall und auf Rügen gibt es für diese Art von Verkehrswegeplanung besonders eifrige Plattmacher. Sie haben natürlich alle ein Herz für die Natur, wie sie bei jeder Rennstreckeneröffnung beteuern. Wenn Sie den Nationalpark Jasmund also noch autobahnfrei erleben wollen, dann kommen Sie bald.

Die Stubnitz ist das größte und schönste Waldgebiet der Insel und wird seit etwa tausend Jahren von der Buche beherrscht. Sie hat die Eichen, Erlen und Ulmen verdrängt und den lichtdurchfluteten Hallenwald geschaffen, der um 1850 ein junges Mädchen vom Lande zu dem Ausruf hinriss: »Herre, dat is ja, as wenn man in de Kirch rinnerkümmt!«

Wobei es am Hochuferweg der Stubnitz Ausblicke über die Ostsee und zu den Kreidefelsen gibt, die keine Kathedrale der Welt zu bieten hat. Manche Forscher führen den Namen

»Stubnitz« auf das altslawische Wort »stobnica« zurück, das »Waldung mit Bienenkeller« bedeutet und auf die Waldbienenimkerei der Ranen, der ersten Siedler auf Rügen, hindeutet. Andere lesen es als »stubnice«, was eine stufenförmig ansteigende Landschaft bezeichnet und ebenfalls zutreffend wäre. Der Volkskundler Otto Knoop schreibt in seiner Studie über »Rügens Flurnamen« von 1928: »Rügen ist altes Bienenland und Bienenzucht und Bienenwirtschaft standen in hoher Blüte, wie schon die Chronik Helmolds von Bosau von dem gewaltigen Honigkuchen zeigt, der beim Fest des heidnischen Gottes Svantevit geopfert wurde. Die Stubnitz selbst war sicher nicht nur Bienenkeller, also Aufbewahrungsort für Bienenstöcke im Winter, sondern bot auch an ihren Rändern Bienenweiden.«

Der Erste, der ihren Namen erwähnt, ist der Magister Johann Rhenan, Pfarrherr und fürstlicher Salzgraf zu Soden in Hessen, der im Jahr 1584 Vorpommern und Rügen bereiste, um hier Salzquellen und Mineralien zu entdecken. Er nennt in der Stubnitz auch die »Stueben-Kammer« und den »Kunigstuel«. Womit auch die erste urkundliche Erwähnung des berühmtesten Rügener Aussichtspunkts zitiert wäre.

Im Mittelalter diente die Stubnitz als Jagd- und Forstwald der Rügenfürsten. Im Dreißigjährigen Krieg wurde sie von allen durchziehenden Heeren rücksichtslos geplündert. Die erste kartografische Aufnahme stammt aus dem Jahr 1695 von dem schwedischen Landvermesser Peder Wising und zeigt einen ziemlich gelichteten Waldbestand zwischen Clementelvitz und Sassnitz. Zu jener Zeit war die Stubnitz Kronforst der pommerschen Herzöge und die versuchten mit ihren »Holzordnungen« die angestammten Rechte der Jasmunder und Wittower, hier ihr Holz zu schlagen und ihre Schweine zu mästen, drastisch einzuschränken. Dazu ließen sie an den Zugangsstraßen Schlagbäume und sogenannte »Baumhäuser« errichten, an denen ein »Baumgeld« als Abgabe entrichtet werden musste. Die Jasmunder hatten allerdings Schleichwege und umgingen die Schlagbäume, wo sie nur konnten.

Von den vier Baumhäusern Buddenhagen, Hagen, Rusewase und Schwierenz steht noch das in Hagen, in dem Sie sogar mitten im Nationalpark übernachten können, und das Schwierenzer Baumhaus. Als Rügen 1815 von Schweden an Preußen kam, wurden diese Holzordnungen durch die »Königliche Forst Werder« mit preußischer Strenge durchgesetzt und der Waldbestand erholte sich langsam. Dagegen wurde an der Küste noch immer Kreide abgebaut und die Findlinge am Ufer zum Molen- und Straßenbau verwendet. Wenn Sie von Sassnitz zur »Waldhalle« pilgern, dann gehen Sie auf der alten Kopfsteinpflasterstraße von 1880. Falls Sie auf eine Neuauflage der Abwrackprämie hoffen, können Sie es auch mit Ihrem Auto versuchen.

Am Königsstuhl wurde schon 1818 ein erstes Gasthaus in Form einer Köhlerhütte errichtet, dann ab 1835 nach Plänen von Schinkel eine Schweizerhütte. Dieses Hotel »Stubbenkammer« betrieb der geschäftstüchtige Wirt, der die »Hertha«-Sagen unter seine Gäste brachte. Karl Friedrich Zelter, Komponist und Direktor der Berliner Singakademie, schrieb im August 1820 an seinen Freund Goethe: »Vorgestern habe ich im Gedanken an Dich die aufgehende Sonne von der Stubbenkammer aus begrüßt. Diese Landspitze gegen Morgen ist, so wie Arkona, ein Kreidefelsen, der vom Meere gegen vierhundert Fuß hoch dicht am Strande liegt. Man müsste sich eine Zeitlang hier herumtreiben können, um sich mit den Rätseln, welche der Zufall aufgibt, beschäftigen zu können.« Leider gelang es Zelter nicht, Goethe mit diesen Rätseln nach Rügen zu locken. Der Dichter kannte die Insel von den Gemälden Caspar David Friedrichs, der sich 1805 an einem Preisausschreiben der »Weimarer Kunstfreunde« beteiligt hatte und durch Goethes Votum immerhin das halbe Preisgeld zugesprochen bekam.

Adelbert von Chamisso war einer der ersten Naturforscher, der im Auftrag der preußischen Regierung 1823 die pommerschen Torfmoore untersuchte, um ihre Tauglichkeit zur Brennstoffgewinnung zu prüfen und damit die Waldbestände zu schonen. Bei dieser Gelegenheit machte er auch einen Abstecher nach Stubbenkammer, um die Höhe des Königsstuhls barometrisch zu bestimmen, und schrieb an seine Frau in Berlin: »Stubbenkammer und Arkona sind auch einem Weltumsegler noch schön.« Dieser Satz wird heute gern zitiert, selten aber der, den er ein paar Tage später an seinen Freund de la Foye in Paris schickte: »Es ist mir oft, als wäre es aus mit Europa – und doch hängt man an der alten Hure.« Und der Dessauer Dichter Wilhelm Müller, dessen »Schöne Müllerin« und »Winterreise« Franz Schubert vertont hat, schrieb im August 1825 an seine Frau: »In Stubbenkammer habe ich nach dem Bade auf Deine und der Kinder Gesundheit Dry Madeira getrunken. Es ist unbeschreiblich schön hier und herzliche Menschen.«

Auf den Spuren Chamissos und Friedrichs wanderten im 19. Jahrhundert ganze Pilgerzüge von Sommergästen durch die Stubnitz. Andere ließen sich per Schiff von Sassnitz zur Anlegestelle unterhalb des Königsstuhls bringen, um dann über die 500 Stufen auf die 117 Meter hohe Kreideklippe zu steigen. Kurz vor dem Ersten Weltkrieg zählte man schon 80 000 Besucher, heute sind es bis zu 300 000 pro Jahr. Der frühe Massentourismus konnte 1926 immerhin verhindern, dass am Kieler Bach der Kreideabbau wiederaufgenommen wurde. Doch schon damals bedurfte es einer Allianz aus Naturschützern, Inselliebhabern und Wissenschaftlern, um die von der Stralsunder Regierung bereits erteilte Abbaugenehmigung zu stoppen.

1929 wurde eine »Polizeiverordnung« erlassen und die Jasmunder Küste zum »Naturdenkmal« erklärt, dessen Richtlinien 1935 in einem »Naturschutzgesetz« festgelegt wurden. Die Nazis unterschlugen bei ihrem lautstarken Engagement für den deutschen Wald, dass es solche Gesetze in den USA schon seit 1872 gab und die Idee von Nationalparks sich seit der Eröffnung von Yosemite auch in Kanada, Australien und Neuseeland verbreitet hatte.

Nach dem Zweiten Weltkrieg gab es massive Abholzungen im Zuge der Reparationen an die Sowjetunion. Diese Kahlschläge wurden erst in den Fünfzigerjahren mit Fichten und Lärchen wieder aufgeforstet und sind dadurch noch heute zu erkennen. In das alte Hotel »Stubbenkammer« zog nach der Roten Armee die »Grenzbrigade Küste« und suchte die Ostsee Tag und Nacht nach Flüchtlingen ab. Für diese Militärobjekte wurden alte Buchenbestände gefällt und hohe Betonmauern durch den Wald gezogen. Auch die Staatliche Forst der DDR kümmerte sich herzlich wenig um die Naturschutzverordnungen, sondern verwandelte die Waldwege und Lichtungen mit schwerem Gerät in Mondlandschaften.

Das ging auch nach 1990 im Namen der »Waldbewirtschaftung« weiter und führte schnell zu einem Dauerkonflikt zwischen der neuen Nationalparkverwaltung und den Forstbehörden. Die salomonische Lösung aus Schwerin bestand in der Zusammenlegung beider Verwaltungen. Die Kettensägen werden deshalb heute im Namen der »Verkehrssicherungspflicht« angeworfen. Denn dass des Deutschen liebstes Blechspielzeug im Nationalpark eventuell zu Schaden käme, das können nur grüne Kaulquappennummerierer wollen, die selbst von Geländewagenbesitzern verlangen, im Wald zu Fuß zu gehen.

Im »Objekt« der ehemaligen Grenzbrigade ist inzwischen ein Nationalparkzentrum entstanden, in dem Sie sich über die Geschichte der Stubnitz sowie über ihre Flora und Fauna informieren können.

Ein besonderes Naturdenkmal ist neben dem Königsstuhl der alte Mammutbaum, den 1886 kein Geringerer als Reinhold Begas gepflanzt hat, der Schöpfer des Schiller-Denkmals am Berliner Gendarmenmarkt und des Neptunbrunnens am Fernsehturm. Der Baum ist 125 Jahre alt und erinnert daran, dass die Natur letzten Endes eben doch den längeren Atem hat.

Meine Urgroßeltern haben in der Stubnitz in den Baumhäusern von Buddenhagen und Rusewase gelebt, meine Mutter ist in Rusewase geboren und aufgewachsen. Mitten im Wald, mit Petroleumlampen, Wasser aus dem Brunnen und Plumpsklo neben dem Stall. Den Schulweg nach Promoisl in die »hölten Tüffelschool«, die einklassige Dorfschule, musste sie zu jeder Jahreszeit durch den Wald zu Fuß gehen, auch wenn es stürmte und schneite und Wildschweine in Rotten über die Wege wechselten.

Die Stubnitz war auch der Wald meiner Kindheit. Ich besuchte oft meine Tante Ella, die Kräuterfrau, und meinen Onkel Paul, den Kreidemeister, in ihrer Wohnung in Buddenhagen. Sie wohnten dort im Haus des Kreidebruchdirektors Otto Rieger, der ein leidenschaftlicher Jäger war und mir ab und zu eine alte Ausgabe von »Wild und Hund« zu lesen gab. Darin fand ich die Geschichte vom letzten Wolf in Mecklenburg, der erst 1952 erlegt wurde. Auf Rügen, so erfuhr ich, waren die Wölfe schon um 1695 ausgerottet worden. Aber im Tierpark Sassnitz, der am Rande des Nationalparks liegt, kann man noch heute ein Rudel schläfriger Wölfe beobachten.

Doch auch ohne den alten Isegrimm begegneten mir auf meinen Spaziergängen im Wald vom Hans-Heu-Berg nach Buddenhagen genügend wilde Tiere: Damwild und Mufflons, Wildschweine mit Frischlingen, Fuchs und Dachs, Eichhörnchen und Marder und manchmal am Hochufer sogar ein Fischadler.

Abstand hielt ich von den Kreuzottern, die am Teich hinter dem Haus ihre Nester hatten und sich auf den Mauern an den Trockenschuppen des Kreidewerks sonnten. Nachts hörte ich in der Brunftzeit die Hirsche röhren und das Käuzchen rufen, was mein Gefühl, mitten in der Wildnis zu wohnen, bestärkte. In meiner Kammer nah am Waldrand fühlte ich mich sicher, selbst wenn nachts seltsame Schatten am Fenster vorbeiflogen oder in den Buchsbaumhecken rumorten. Wenn meine Tante und ich als »Tippelbröder« nach Sassnitz wanderten, um einzukaufen, zeigte sie mir am Wegrand seltene Pflanzen wie das Salomonssiegel, das im Märchen als »Springwurz« verwunschene Schlösser öffnet, oder das violette Lungenkraut, aus dem sie wohltuenden Hustentee kochte. Sie brachte mir die Namen der Schmetterlinge bei, die über die Waldwiesen schwebten: Schwalbenschwanz und Admiral, Landkärtchen und Kleiner Fuchs, Blutstropfen und Pfauenauge. Sie kannte auch die besten Stellen für Pfifferlinge, Steinpilze und Maronen und wusste, wie man Sanddorn, die Zitrone des Nordens, melkt. Besuchen Sie die Sanddornhexe in Klein Kubitz, die gibt Ihnen Unterricht im Sanddornmelken.

Meine Mutter, die mich meine Ferien oft in Buddenhagen verbringen ließ, hatte mir ein Buch vom Förster Grünrock geschenkt, aus dem ich lernte, Fährten und Flugbilder zu bestimmen. Unser Förster hieß Krohnfuß und beherrschte ein hervorragendes Jägerlatein von mächtigen Zehnendern und wilden Keilern. Er war in seiner grünen Uniform mit der Suhler Doppelbüchse für meinen ersten, allerdings nur kurzen Berufswunschwechsel verantwortlich. Da wir zu Hause keinen Platz für ein Wildgehege hatten, legte ich mir in unserem Garten ein Terrarium mit

Blindschleichen, Waldeidechsen und Laubfröschen an und träumte davon, eines Tages Revierförster in der Stubnitz zu sein. Aber dann kam mein Vater von einer Forschungsreise auf der »Ernst Haeckel« aus dem Nordatlantik zurück und brachte präparierte Steinbeißerköpfe und Seespinnen, Kaisergranat und Seesterne und kleine Dornhaie in Spiritus mit. Diese schillernden Exoten ließen meine kleine Menagerie schnell verblassen, zumal mein Vater auch Fotos von Buckelwalen geschossen hatte, die neben seinem Schiff aus dem Atlantik aufgetaucht waren. Als dann wenig später im Stubnitz-Kino »Namu, der Raubwal« gezeigt wurde, stand mein nächster Berufswunsch fest: Meeresbiologe, Spezialgebiet Wale.

Daran hatte auch das Stralsunder Meeresmuseum seinen Anteil, in dessen Altarraum das Skelett eines Finnwals hing, der auf Rügen gestrandet war. Außerdem gab es in der Halle des ehemaligen Katharinenklosters die präparierte Lederschildkröte zu sehen, die sich 1965 im Strelasund in einer Reuse verfangen hatte, sowie jede Menge lebensgroßer Haie, Rochen und eine japanische Riesenkrabbe. Die Vorstellung, all diese Meeresungeheuer eines Tages auf hoher See beobachten zu können, war verführerischer als jede Pirsch durch die Stubnitz. Als im August 1978 ein Buckelwal vor Rügens Küste auftauchte, lernte ich schon in Rostock-Marienehe Schiffsmaschinentechnik und beschäftigte mich mit Meeresbiologie und Walfangkunde. Ich fand heraus, dass seit der Finnwalstrandung von 1825 immer wieder Wale vor Rügens Küsten aufgetaucht waren: Entenwale, Pottwale und einmal sogar ein Schwertwal. Im Juli 2005 sichteten Segler vor Göhren einen 18 Meter langen toten Finnwal. Ich arbeitete damals gerade in der Bibliothek des Meeresmuseums, als die Telefone zu klingeln begannen. Alle Mitarbeiter des Museums mussten zum Dänholm hinauskommen, um den toten Giganten abzuflensen. Nachdem der 60 Tonnen schwere Kadaver von zwei Schwimmkränen auf die Kaikante gehievt worden war, zerstreuten sich die Schaulustigen ziemlich schnell. Ich beneidete die Wissenschaftler nicht um dieses Blutbad bei 30 Grad und mit entsprechendem Wal-Odeur. Sollten Sie auf einer Segeltour einem toten Wal begegnen, melden Sie ihn beim Stralsunder Meeresmuseum und versuchen Sie nicht, ihn an Land zu schleppen. Auch bei angetriebenen Tieren halten Sie besser Abstand, falls Sie nicht tagelang unter der Dusche verbringen möchten.

In der Ostsee ist nur der Schweinswal heimisch und dessen Bestände sind durch die Überfischung, den zunehmenden Schiffsverkehr und den Bau gigantischer Windparks stark gefährdet. Dennoch sollten Sie beim Segeln oder selbst auf den Ausflugsdampfern der Weißen Flotte die Augen offen halten: Man weiß nie, wo der nächste Gast aus der Nordsee oder dem Atlantik auftauchen wird.

Die Seehundbestände Rügens wurden um die Jahrhundertwende erbarmungslos bejagt, weil die Robbe neben dem Kormoran als größter Feind der Fischer und ihrer Reusen galt. Auf Mönchgut gab es sogar ein Lied über den »Saalhund«, dem unterstellt wurde, er würde nicht nur die Netze zerreißen, sondern auch die Fischer selbst auffressen. Der Deutsche Seefischer-Verein zahlte für jedes erlegte Tier fünf Reichsmark und so wurden die Wintermonate zur Seehundsaison, bis die Tiere um 1920 so gut wie ausgerottet waren. Inzwischen sind Seehund und Kegelrobbe dank der Schutzbestimmungen zurückgekehrt und können auch vor Rügens Küsten wieder beobachtet werden.

Ja, schön, werden Sie sagen, Fuchs und Hase, Fischadler und Seehund – das gibt's ja auch im Bayerischen Wald und auf Norderney, was ist daran so Besonderes? Besonders sind die Landschaften, in denen Sie diesen Tieren begegnen können. Rügens Naturschutzgebiet beschränkt sich nicht nur auf die alten Buchenwälder des Nationalparks Jasmund. Auf dem Bug, der nach 1990 vom militärischen Sperrgebiet zur Vogelschutzzone erklärt wurde, ist es möglich, bei geführten Wanderungen Austernfischer, Säbelschnäbler und Seeschwalben zu beobachten, und mit ein wenig Glück sogar einen Seeadler. Das Biosphärenreservat Südost-Rügen zwischen Mönchgut, Vilm und der Granitz ist ein Paradies für Wasserläufer, Regenpfeifer und Kiebitze. Auf der Insel Vilm können Sie nach Voranmeldung uralte Buchen bewundern, von denen einige über 200 Jahre alt sind. Die Mitarbeiter der Internationalen Naturschutzakademie werden Ihnen die wechselvolle Geschichte der Insel von den mittelalterlichen Einsiedlern bis zu den Einsiedlern aus dem DDR-Politbüro erzählen. Und im Nationalpark Vorpommersche Boddenlandschaft zwischen Hiddensee und Kubitzer Bodde nisten Tausende von Schwänen, Reihern, Enten und Wildgänsen. Falls Sie mit Wasservögeln nichts am Hut haben, gehen Sie auf die Suche nach der blauen Blume der Romantik. Die Rügener Dünen, Wiesen und Wälder beherbergen eine erstaunliche Pflanzenwelt – von amethystblauen Stranddisteln bis zu schillernden Orchideen.

Orchideen auf Rügen? Allerdings, und zwar nicht nur der bekannte Frauenschuh, sondern auch das Tausendgüldenkraut, die Kuckucksblume und das Purpur-Knabenkraut. Aber kommen Sie bloß nicht auf die Idee, Ihrer Liebsten davon einen Strauß zu pflücken, das gibt Ärger mit den Rangern. Die zeigen Ihnen aber gern auf geführten Wanderungen die blühende Pracht, wenn Sie die Insel zwischen Mai und September besuchen. Und sollten Sie im Oktober reisen, haben Sie die Möglichkeit, mit Rügens bekanntestem Tierfotografen und Seeadlerspezialisten Rico Nestmann per Schiff auf Kranichtour zu gehen und die »Vögel des Glücks« auf ihren Rastplätzen im Bodden zu beobachten. Oder Sie genießen auf einem der Ausflugsdampfer vom

Sassnitzer Hafen die Farbenpracht der herbstlichen Stubnitz über der Kreideküste und die Tauchkünste der Kormorane. Bringen Sie auf jeden Fall ein gutes Fernglas, Ihre Kamera und Sonnencreme mit.

Auch im Winter haben Rügens Landschaften ihren romantischen Reiz. Gibt es Eis und Schnee, geht nichts über einen Langlauf durch die Granitz und die Hügel von Mönchgut oder einen langen Strandspaziergang an der Schaabe. Wenn Sie ganz besonderes Glück haben, hat sogar noch eine der Fischerkneipen geöffnet und Sie bekommen einen steifen Grog nach dem alten Lotsenrezept: »Rum muss, Zucker kann, Wasser muss nich.« Und dann wanken Sie über still verschneite Dünen in Ihr Hotelzimmer oder füttern die Schwäne am Ufer.

Hünengräber und Burgwälle

»Wenn nun gleich die Denkmäler der nordischen Vorzeit formlos sind, so ist doch nicht zu leugnen, daß die Menge von Hünengräbern, welche man auf Rügen erblickt, und die höchst sonderbaren Erdwälle, die ehemals die Heiligtümer einschlossen, in diesem Land mit der Natur so in Harmonie treten, daß das Ganze als ein sonderbares Kunstwerk wirkt.«

Karl Friedrich Schinkel an Christian Daniel Rauch, 1821

Mit den stummen Zeugen der ersten steinzeitlichen und slawischen Siedler auf Rügen bin ich aufgewachsen und habe diese naturbelassenen Abenteuerspielplätze geliebt, die sagenumwoben in den Wäldern der Stubnitz oder in der Nähe sturmumtoster Küsten liegen. Ob aber die germanischen Rugier, die nach den Jägern und Sammlern kamen, der Insel ihren Namen gaben oder die Insel diesen den ihren, das ist eine Frage, über die die Gelehrten noch immer streiten. Die Rugier waren jedenfalls hier, doch ihre Spur verliert sich im Dunkel der Völkerwanderung. Das wusste schon Tacitus, der mit Varus und dem römischen Heer gen Norden gezogen war und darüber seine »Germania« verfasst hatte. Als erster Chronist erwähnte Thietmar von Merseburg die Insel um 1018. Friedrich Wilhelm Barthold zitiert in seiner »Geschichte von Rügen und Pommern« päpstliche Urkunden von 1177, in denen sie »Ruia« heißt und die Bewohner »Rugani«. Nach ihnen kamen die slawischen Ranen auf die Insel, die der englische Mönch Beda »Rugini« nannte und die neben Hunnen und Friesen auf seiner Liste zu missionierender Heiden standen. Sie tauchen in späteren Chroniken als »Rugiani« auf und viele Rügenbücher verwechseln sie mit den Rugiern, mit denen sie aber nichts zu tun hatten.

Was passierte, als die slawischen Rugiani auf die germanischen Rest-Rugier trafen, ist nicht überliefert. Ich denke, sie sind gegenseitige Ehebündnisse eingegangen, was die seltsame Mischung aus deutscher Gründlichkeit und slawischer Schlitzohrigkeit erklären würde, die sich bis heute erhalten hat.

Die gegenwärtigen Inselbewohner nennen sich selber Rüganer, und wer nicht auf der Insel geboren wurde, der ist keiner. Selbst wenn sie hier ihr Leben verbracht, Plattdeutsch gelernt und eingeheiratet haben – in den Augen der eingeborenen Insulaner bleiben sie »de Tautreckten«, die Zugezogenen. Aber schon die Kinder und Kindeskinder haben die Chance, diesen Makel zu tilgen, und nach drei Generationen ist er so gut wie vergessen. Der Stolz, ein Rüganer zu sein, ist heute so ungebrochen wie vor 2000 Jahren.

Das erste Hünengrab meiner Kindheit war der Dobberworth bei Sagard, den ich aus dem Dachzimmerfenster meiner Großmutter sehen konnte. Sie wusste auch, wie der imposante Hügel entstanden war. Eine Riesin, die sich in den Fürsten von Rügen verliebt hatte und abgewiesen worden war, hatte ihre Brüder zusammengerufen, um sich für diese Schmach zu rächen. Damit sie schneller von Jasmund nach Putbus kamen, wollte sie die Landenge zwischen Kleinem und Großem Jasmunder Bodden zuschütten. Ich fragte mich damals, was die große Frau von dem kleinen Fürsten eigentlich wollte und wieso sie nicht einfach durch den flachen Bodden hindurchgewatet ist. Denn bereits die erste Fuhre ging daneben: Die Riesin kam mit ihrer Schürze voller Steine und Sand nur bis Sagard, wo der Küchenkittel riss und der ganze Klumpatsch aufs Feld krachte. So erklärten es sich jedenfalls die alten Rüganer, die von Bodendenkmalkunde noch keinen Schimmer hatten.

Die liebestolle Riesin beeindruckte mich nicht besonders, wohl aber die Unterirdischen, die im Dobberworth hausen und dort Höhlen voller Gold angehäuft haben sollen. Da der Berg von Kaninchenröhren durchzogen ist, glaubte ich dieser Sage aufs Wort. Doch alle Versuche, die Unterirdischen aus ihren Verstecken zu locken, scheiterten. Einmal nahm ich sogar meine kleine Cousine im Sonntagskleid mit, weil ich hoffte, dass ein unschuldiges Mädchen für die Zwerge vielleicht verlockender sein könnte als ein Goldsucher in kurzen Hosen. Aber alles, was sich zeigte, war ein mürrischer Feldhase.

Die Archäologen behaupten, der Dobberworth sei ein Hügelgrab aus der Bronzezeit, und zwar das größte in Norddeutschland. Es misst 150 Meter im Umfang und ragt 10 Meter hoch in die Landschaft. Aber da von den 229 Großsteingräbern und den 1239 Hügelgräbern Rügens, die Friedrich von Hagenow 1828 auf seinen Wanderungen zählte, nur noch ein paar Hundert übrig geblieben sind, kann man nicht mit Sicherheit sagen, ob es nicht mächtigere Grabanlagen gab. Im 19. und 20. Jahrhundert planierten Straßenbau und Landwirtschaft diese alten Kulturdenkmäler genauso rücksichtslos wie heute die Naturlandschaften der Insel für die B 96n platt gemacht werden. Was zählten da schon ein paar verbuddelte Knochen und Keramikpötte? Deswegen kann man noch heute auf Rügens Äckern Feuersteinäxte, Flachbeile und Pfeilspitzen finden, die die Pflüge und Eggen der Landwirte aufgeworfen und großflächig verteilt haben. Wer Glück hat, entdeckt sogar ein Stück Tongefäß oder einen Bronzering, die von der Kunstfertigkeit der alten Rügener Töpfer und Schmiede erzählen.

Noch ältere Zeugen der Inselbesiedlung sind die Hünengräber der Steinzeit: Sie sind aus Findlingen zusammengesetzt, die die Eiszeit nach Rügen geschoben hat. Das erste, das ich zu Gesicht bekam, war das Großsteingrab im Dwasiedener Wald. Es ist 35 Meter lang und an seinem Eingang ragt ein 2 Meter hoher Wächterstein aus der Erde. Wegen seiner Größe wurde es schon früh von Schatzsuchern aufgebrochen und geplündert. Solche Vandalen sind auch heute noch mit Metalldetektoren und Spaten unterwegs. Als Caspar David Friedrich das Grab im Sommer 1806 entdeckte und zeichnete, war der Deckstein der Kammer schon zerstört. Die Sage weiß, dass hier zwei Kinder einer Riesin begraben liegen, die in einem nahe gelegenen See ertrunken sein sollen. Nur Riesen oder Hünen konnten in der Vorstellung der späteren Generationen so stark gewesen sein, die mächtigen Findlinge herbeizuschleppen und übereinanderzutürmen. Heute wissen wir, dass die Rügener Grab-Steinzeitler dazu Schanzen aufwarfen und die Steine mit Rollvorrichtungen aus Baumstämmen bewegten. Wenn Sie von Sassnitz aus in Richtung Mukran fahren und an der Schlossallee in die alte Waldstraße zum ehemaligen Hansemannschen Park einbiegen, dann finden Sie das imposante »Fürstengrab« aus 57 Findlingen am südwestlichen Waldrand.

Sollten Sie eine Leidenschaft für Bodendenkmäler haben, dann sind Sie auf Rügen richtig. Neben so sehenswerten Gräbern wie dem Riesenberg von Nobbin auf Wittow, dem Goldbusch bei Altensien und dem Ganggrab von Nipmerow gibt es Dutzende von Opfer- und Sagensteinen, die in den Wäldern und Feldern der Insel verborgen liegen. Um die meisten ranken sich blutrünstige Sagen, wobei die Wirte nahe gelegener Gasthäuser und Pensionen schon im 19. Jahrhundert kräftig mit Meißeln und Ölfarbe den angeblichen Blutrinnen nachgeholfen haben, um schauerlustige Besucher mit einem Gruselschnack über Menschenopfer, Jungfrauentod und Gottesurteile zu unterhalten.

Mein Lieblings-Sagenort ist der Herthasee in der Stubbenkammer auf Jasmund, unweit des Königsstuhls. Um seine Ufer windet sich ein ganzer Sagenkranz. Dafür hat der ehemalige Besitzer des Hotels »Stubbenkammer« gesorgt, der vor 150 Jahren aus dem slawischen Burgwall das Heiligtum der germanischen Göttin Hertha machte. Diese Fruchtbarkeitsgöttin soll die Angewohnheit gehabt haben, nach ihrem jährlichen Bad im See sämtliche Tempelangestellten zu ersäufen, bloß weil die sie nackt in den Fluten gesehen hatten.

Man fragt sich heute, ob sich das nicht herumgesprochen hat und wie sie immer wieder zu neuem Personal gekommen ist. Vielleicht hatte ihr Oberpriester, den sie als Einzigen verschonte und der auch als Personalchef fungierte, ebenfalls göttliche Gaben, oder Hertha zahlte überdurchschnittlich gut.

Für Geld ist auf Rügen auch noch heute fast alles zu haben. Die Sage um Hertha muss der Stubbenkammer-Hotelier bei dem weit gereisten deutschen Geografen und Historiker Philipp Clüver gefunden haben, der den Ort in seinen »Germania Antiqua libri« von 1616 als jenen »heiligen Hain auf einer Insel des Ozeans« deutete, von dem Tacitus schon 98 nach Christus in seiner »Germania« schrieb. Tacitus irrte und Clüver irrte, aber der Gastwirt irrte sich nicht. Die Gruselreklame funktionierte prächtig und die Besucher kamen in hellen Scharen. Auf die historischen Ungereimtheiten angesprochen, zuckte der Hotelier nur mit den Schultern und erwiderte, schließlich müsse er den Fremden etwas bieten. Dafür scheute er keine Kosten. Weil ihm Burgwall und See allein etwas armselig vorkamen, ließ er ein paar Findlinge herankarren und errichtete ein wahres Herthaland, samt vorgeblichem Opferstein mit Blutrinne, vor dem noch Effi Briest schauderte. Eine der ältesten Buchen erklärte er kurzerhand zur »Herthabuche«, aus deren Rauschen der Oberpriester den Willen der Göttin und die Zukunft heraushören konnte. Diese Buche ist zwar schon vor langer Zeit den Weg allen Windbruchs gegangen, aber die Tradition, mit dem Rauschen im Blätterwald Kasse zu machen, hat sich auf Rügen ebenso erhalten wie werbewirksame Schauermärchen.

Ich habe diese Sagen zum ersten Mal von meiner Großtante gehört, die unweit von hier in Buddenhagen wohnte. Sie war eine Sagen- und Kräuterfrau, die sich mit den verwunschenen Orten der Stubnitz gut auskannte. Deshalb hat mir auch keine spätere historische Kritik den Zauber dieses Ortes verleiden können. Mit »Yasmund« habe ich 2009 eine eigene Fassung der Herthasage geschrieben, die mein Landsmann Wolfgang Rindfleisch fürs DeutschlandRadio Kultur als Hörspiel inszeniert hat. Sie müssen dort nur oft genug anrufen oder eine E-Mail schicken, dann wiederholen sie es.

Tatsächlich handelt es sich bei der Herthaburg um einen slawischen Burgwall aus dem 11. Jahrhundert von immerhin 180 Metern Umfang und 17 Metern Höhe. Der Zugang erfolgte wahrscheinlich auf einer Holzbrücke über den See, weshalb die Burg gut zu verteidigen war. Er ist schon auf der ersten Rügenkarte des Rostocker Geografen Eilhard Lübben von 1608 eingezeichnet, heißt dort aber noch schlicht »de Borgwal«. Nehmen Sie sich Zeit für eine Wanderung um den See, und wenn Sie den Menschenmengen auf dem Königsstuhl ausweichen wollen, dann gehen Sie auf dem Waldweg in Richtung Hagen und genießen die Stille und den Buchfinkengesang.

Der berühmteste Burgwall Rügens aber ist und bleibt der Tempelberg auf dem Kap Arkona. Er ist auch als »Jaromarsburg« bekannt und beherbergte das Heiligtum des vierköpfigen slawischen Gottes Svantevit samt seinen Priestern und Kriegern. Da sich hier eine der entscheidenden Schlachten um Herrschaft und Religion der Insel zugetragen hat, kommen wir um ein bisschen Geschichte nicht herum. Sie lässt tief in die Mentalität der Insulaner gegenüber frühen und späteren Kolonisatoren blicken.

Svantevit und seine sagenhaften Schätze hatten schon zu Beginn des 12. Jahrhunderts die Begehrlichkeiten der pommerschen Herzöge und des dänischen Königs Waldemar I. geweckt. Die Rügenslawen waren nämlich mindestens so seeerfahren wie die Wikinger, was spätestens seit den Bootsfunden von Ralswiek nachgewiesen ist. Von dort aus betrieben sie einen schwunghaften Handel mit Bernstein und Honig, der offenbar bis in den Orient florierte, wie der Fund eines großen Hacksilberschatzes aus arabischen Münzen belegt. Sie überfielen auch regelmäßig die dänische Küste und plünderten die dortigen Fischerdörfer und Kirchen im Namen Svantevits. Schon damals wusste man, dass es immer besser ankommt, wenn man seinen politischen Absichten einen moralischen Anstrich gibt. Also verkündeten die dänischen Bischöfe im ganzen Ostseeraum, dass sie den irregeleiteten Heiden von Arkona endlich den rechten Glauben und die Erlösung von ewiger Höllenpein bringen wollten. Heute nennt man das eine Friedensmission und schickt Blauhelme und Entwicklungshelfer. Unfassbarerweise sind aber manche Völker noch heute so uneinsichtig wie damals die Rügenslawen. Kaum waren die Missionare zurück in Kopenhagen oder Lund, hängten die Rüganer die neuen Kreuze und Fahnen wieder ab, kehrten zu Svantevit zurück und zahlten auch keine Tributgelder mehr. Im Juni 1168 hatten König Waldemar I. und sein kriegerischer Bischof Absalon von Roeskilde den slawischen Starrsinn satt und sammelten ein Heer, das mit der Heidenwirtschaft ein für alle Mal aufräumen sollte. Dazu trommelten sie eine Allianz der Willigen aus dänischen und pommerschen Streitkräften zusammen, die sich allesamt goldene Beute versprachen. Aber natürlich hatten die umtriebigen Svantevitpriester auf Arkona von den neuen Kreuzzugsplänen Wind bekommen und ihre Tempelburg verbarrikadiert. Dumm war nur, dass die von See her kommenden Dänen mit ihrem Belagerungsring jeglichen Nachschub abschnitten. Außerdem begannen sie, die Wälder Wittows abzuholzen und daraus Belagerungsmaschinen zu bauen, gegen die die Pfeile und Steinschleudern der Rüganer wenig ausrichten konnten. Schließlich gelang es einem dänischen Pferdejungen, die hölzernen Befestigungsanlagen der Burg in Brand zu setzen. Allerdings entdeckten die Slawen das Feuer zu spät und konnten es nicht mehr löschen, obwohl sie sogar ihre Milchvorräte dafür opferten. Angesichts der brennenden Palisaden mussten sich die Belagerten auf Kapitulationsverhandlungen einlassen. Die Forderungen der Dänen entsprachen der Hoffnungslosigkeit der Verteidiger: Auslieferung von Götzenbild und Tempelschatz, Freilassung aller christlichen Gefangenen, Annahme des Christentums sowie Unterwerfung unter die Kopenhagener Lehenshoheit bei jährlichen Tributen. Zur Sicherung des Waffenstillstands waren außerdem vierzig Geiseln zu stellen. Weiterer Widerstand hätte die vollständige Vernichtung des Heiligtums bedeutet. Die Slawen nahmen nach kurzer Beratung an.

Vielleicht hofften sie auch, nach dem Abzug der Dänen ein weiteres Mal ihre Unabhängigkeit zurückgewinnen zu können. Doch diesmal ging Bischof Absalon auf Nummer sicher: Er ließ den Götzen stürzen und vor den Augen der slawischen Verlierer zu Kleinholz zerhacken.

Der Himmel stürzte nicht ein und kein Blitz erschlug die Frevler. Über den Resten der Tempelburg flatterte statt der slawischen Staniza der Dannebrog und die Macht der Priester war gebrochen. Aus dem Holz der Belagerungsapparate ließ der Bischof eine Kirche bauen und sie auf dem Standort des alten Tempels errichten.

Abgesandte Arkonas mussten zur Königsburg Charenzia ins Inselinnere ziehen, um den Rügenfürsten Schonung anzubieten, sollten sie sich kampflos unterwerfen. Weil damit das versprochene Plündern entfiel, kam es beinahe zur Meuterei des dänischen und pommerschen Heers, doch es gelang Absalon, die Soldaten auf spätere Beute zu vertrösten. Seine Strategie ging auf und Charenzia kapitulierte. Statt des alten Königs Tetislaw wurde dessen Bruder Jaromar zum Fürsten von Rügen gekrönt und begründete eine neue Dynastie, die immerhin 157 Jahre Bestand hatte. Aber das ist schon eine andere Geschichte.

Sie sollten sich auf den Weg nach Arkona machen, solange noch etwas vom Burgwall zu sehen ist. Denn auch dort rutscht und bröckelt die Küste unter dem Ansturm von Brandung, Regen und Frühjahrsstürmen. Eines Tages wird die Ostsee die Reste der Tempelburg fortgespült haben, und nur die alten Sagen werden sie überdauern.

Kirchen und Piraten

»Dit un dat, drocken un natt, gesegne uns Gott!«

Tischgebet von Johannes Bugenhagen, um 1530

Kirchen waren in meiner Kindheit ganz besondere Orte der Inselgeschichte, obwohl meine Eltern praktizierende Atheisten waren. Aber sicherheitshalber hatte meine Mutter ihre Konfirmationsbibel aufgehoben, falls die Heilslehren des wissenschaftlichen Kommunismus sich eines Tages doch als Irrtum herausstellen sollten. Versteckt mit anderen anrüchigen Druckerzeugnissen, die mein Vater von See mitgebracht hatte, fand ich sie eines Tages auf der Suche nach versteckten Weihnachtsgeschenken in einer Schublade. Ich stellte damals keinen Zusammenhang zwischen dem Sündenfall und den Strapsdamen im »Playboy« her, doch seltsamerweise faszinierte mich das alte Buch mehr als die Häschen von Hugh Hefner. Vielleicht lag das am Frakturdruck, den ich erst wie eine Geheimschrift entziffern musste, vielleicht auch an der Sprache, die das Buch der Bücher offenbarte: »Und Gott schuf große Walfische und alles Getier, das lebt und webt, davon das Wasser wimmelt, ein jegliches nach seiner Art.« Das war schon mal nicht schlecht, aber was bedeutete es, dass die Frau aus der Rippe des Mannes geschaffen war, auf dass er nicht allein sei? Was hieß: »Und Adam erkannte sein Weib Eva, dass sie schwanger wurde«? Mein Großvater war ein frommer Baptist und freute sich angesichts der verlorenen Seelen meiner Eltern über mein biblisches Interesse, auch wenn er diesen Fragen zunächst auswich. Immerhin nahm er mich mit in die Kirche und erklärte mir die Schöpfungsgeschichte samt Paradies, Apfel und Schlange. Weil es in unserer Schule keinen Religionsunterricht gab, bekam ich so Privatunterricht über Himmel und Hölle, Engel und Teufel und lernte, die alten Altar- und Wandbilder zu lesen. Später bezog meine Großmutter einen Katen neben der Sagarder Kirche und Gott wurde sozusagen ihr Nachbar. Ich verbrachte viele Nachmittage in dem dunklen Kirchenschiff und hörte dem Organisten beim Üben zu. Wenn wir in den Sommermonaten Besuch bekamen, zeigte meine Mutter unseren Gästen die alten Dorfkirchen und ging mit ihnen in die Orgelkonzerte. Dort sang sie sogar die Kirchenlieder mit und ich wunderte mich über ihre Textsicherheit und ihren Sopran. Aus dieser Zeit stammt meine Liebe zu den Liedern Paul Gerhardts und zu den Rügener Orgeln.

Die älteste Kirche steht in Bergen. Von den Dänen bekehrt und belehnt, wollte Fürst Jaromar I. 1180 bei seiner Rückkehr an den alten Stammsitz beim Rugard eine Residenz nebst Hofkirche errichten – ihm schwebte eine Pfalz wie die Heinrichs des Löwen zu Braunschweig vor. So viel Selbstbewusstsein war seinem dänischen Lehnsherrn zu viel des Guten, und er wies den Rügenfürsten an, stattdessen ein Kloster zu stiften. So wurde aus der Hofkirche die Klosterkirche Sankt Marien und man begann bald nach der Fertigstellung mit ihrer Ausmalung, die noch heute zu bewundern ist. Vor allem die Szenen von Fegefeuer und Hölle haben mich als Kind fasziniert, weil Legionen von Teufeln die heulenden Sünder in flammenzüngelnde Verdammnis treiben. Laut Gründungsurkunde kamen die Nonnen aus einem dänischen Kloster nach Bergen. Vielleicht hielt ihr Bischof es für angebracht, sie besonders drastisch vor den Verführungen durch Rügener Heiden zu warnen.

Die Bilder überstanden die Jahrhunderte und die schweren Stadtbrände, wurden während der Reformation übermalt und erst während der Generalsanierung von 1896 wieder freigelegt. Doch die Bergener Kirchengemeinde wollte diese »mit katholischem Sauerteig durchsetzte rohe Malerei ohne jeden künstlerischen Wert« nicht in ihrem Gotteshaus haben. Möglicherweise lag es daran, dass hier selbst Könige und Bischöfe in den Höllenrachen gestoßen werden. Ein Geldverleiher muss sogar in alle Ewigkeit sackweise sein zusammengerafftes Gold durch einen Trichter schlucken, was durchschlagende Wirkung zeigt. Die Guten und Gottgefälligen dagegen werden zu sanften Pflanzenwesen und wiegen sich im Paradies zu himmlischen Klängen. Es bedurfte erst einer Anordnung von Regierung und Konsistorium, bevor die Bergener Gemeinde ihren Widerstand gegen die Restauration dieses Kirchenbildes aufgab. So wurde das einzig verbliebene Beispiel einer romanischen Kirchenausmalung in Norddeutschland gerettet. Heute ist dank der Geldverleiher wieder kein Geld für die dringend nötigen Erhaltungsarbeiten da. Vielleicht hat die Hölle für sie angesichts der Finanzkrise ihre Schrecken verloren.

Eines der ältesten Zeugnisse aus der Gründungszeit ist ein slawischer Grabstein, der in die Westwand der Bergener Kirche eingemauert ist. Er zeigt einen bärtigen Mann, der als Svantevitpriester mit Methorn gedeutet wird, wobei das Trinkgefäß später weggemeißelt und durch ein Kreuz ersetzt wurde. So versuchte man schon damals, dem Rausch mit Religion beizukommen. Ein weiterer Priesterstein findet sich, ebenfalls eingemauert, in der »Waffenkammer« des Gotteshauses von Altenkirchen. Auf ihm kann man das große Methorn noch gut erkennen. Es zeugt von einem gewissen Humor, dass die trinkfesten Rügener Ritter Wehr und Waffen ablegen mussten, bevor sie die Kirche betraten. Wahrscheinlich wollte man Handgreiflichkeiten wenigstens während des Gottesdienstes vermeiden. Doch dass die Heiligkeit der geweihten Orte die adligen Herren nicht viel kümmerte, beweist der Mord an dem Stralsunder Ratsherrn Wulf Wulflam, dem mächtigen Gegenspieler Störtebekers und seiner Vitalienbrüder. Wulflam wurde am 1. November 1409 auf dem Bergener Friedhof von dem Rügener Ritter Thorkel Zuhm erschlagen, dessen Vater er angeblich auf dem Gewissen hatte.

Jedenfalls bezeugen die beiden eingemauerten Steine, dass die ersten christlichen Kirchen der Insel oft auf slawischen Kultstätten errichtet wurden. Symbolpolitik war schon damals ein beliebtes Mittel, sich zum Sieger der Geschichte auszurufen. Mehr über die Marienkirche und das Kloster können Sie im Bergener Stadtmuseum erfahren und anschließend im Klosterhof einen Sanddornschnaps auf die alten Baumeister und Maler trinken. Apropos Kirchengeschichte: Auch da hat sich auf Rügen viel zugetragen, seit Otto von Bamberg sich um 1124 zum ersten Mal von Gnesen aus auf den Weg machte, um den Pommern den rechten Glauben zu bringen. Sein Begleiter Adalbert wurde nach Bischof Ottos Tod durch päpstlichen Erlass zum ersten Bischof von Pommern geweiht. Aber da Rügen nach 1168 zum dänischen Bistum Roeskilde kam, hatten Adalberts Nachfolger kirchenrechtlich nicht mehr viel zu melden. Auch nach der Eingliederung Rügens ins Herzogtum Pommern-Wolgast blieb die Kirchenhoheit bei Dänemark und endete erst 1534 mit der Einführung des Protestantismus. Die wurde vor allem von Johannes Bugenhagen, dem »Doctor Pomeranus« und Beichtvater Luthers, vorangetrieben. Bugenhagen, der aus Wollin am Stettiner Haff stammte und in Greifswald Theologie studiert hatte, wurde 1523 Pfarrer an der Stadtkirche Wittenberg und entwarf als Reformator die neue Kirchenordnung für ganz Norddeutschland, Norwegen und Dänemark. Seine lateinisch geschriebene Chronik »Pomerania« wurde zum Vorbild für Thomas Kantzows niederdeutsches Geschichtswerk. Bugenhagen war sowohl als Theologe wie auch als Kirchenlehrer bis zu seinem Tode ein eifriger Verfechter der Lehren Luthers. Wir verdanken ihm unter anderem eine niederdeutsche Passionsharmonie, die das Plattdeutsch aus den Tagen der Reformation aufbewahrt hat. In seinem Geist haben so bedeutende Rügener Pastoren wie Ernst Heinrich Wackenroder, Johann Gottlieb Picht und Gotthard Ludwig Kosegarten geschrieben und gepredigt.

Auch das Gotteshaus von Altenkirchen auf Wittow ist einen Besuch wert, nicht nur wegen des »Svantevitsteins«, den der Rostocker Theologe und Historiker David Chyträus 1586 in seiner »Vandalia« beschrieben hat. Es ist die zweitälteste Kirche der Insel und wie die Bergener aus Backsteinen erbaut, deren Herstellungskunst die dänischen Mönche nach Rügen mitbrachten. Eine Mauer aus Findlingen schützt Kirche und Friedhof noch heute vor dem Lärm der alten Wittower Landstraße, die schon im Mittelalter bis nach Arkona führte. Berühmt wurde Altenkirchen durch seinen Pfarrer Gotthard Ludwig Kosegarten, den romantischen Sänger Rügens und späteren Greifswalder Professor. Dessen Pfarrhaus und Grab zeigte meine Mutter gern unseren Gästen, aber weil ich damals noch nichts von Kosegarten gelesen hatte, interessierte er mich nicht sonderlich. Interessanter fand ich die vier bärtigen Männerköpfe an dem alten

Taufstein, der, wie uns der Pfarrer eines Tages erklärte, die vier Flüsse des Paradieses darstellt: Gihon und Pishon, Hiddekel und Perat, auch bekannt unter den Namen Nil und Ganges, Tigris und Euphrat. So lernte ich in Altenkirchen, dass es neben der modernen Geografie noch eine biblische gibt und der Garten Eden im Zweistromland lag. Der Taufstein stammt von der Insel Gotland und wird auf das Jahr 1250 datiert. Da saß schon Jaromar II. auf dem Thron, der Enkel des ersten christlichen Rügenfürsten und Stifter der Klöster von Stralsund und Eldena. Während seiner Herrschaft kam es zu einem blutigen Kirchenkampf in Dänemark, von dem ich wegen der Folgen für Rügen etwas ausführlicher erzählen muss.

Papst Innozenz IV. hatte 1254 ohne die Zustimmung des dänischen Königs Christoph I. den Bischof Jacob Erlandson zum Erzbischof von Lund gemacht und der wiederum seinen Neffen Peder Bang zum Bischof von Roeskilde. Daraufhin ließ der erboste König den Erlandson gefangen setzen, während Bang die Flucht nach Rügen auf die Burg Schaprode gelang. Von dort aus verhängte er den Bann über Christoph I., welcher als »Interdict von Scaprod« in die Kirchengeschichte einging, und verbündete sich mit Jaromar II., der nun die Stunde der Rache für Arkona gekommen sah. Gemeinsam mit Bischof Bang landete er im April 1259 auf Seeland und marschierte auf Kopenhagen. Im Mai gelang es den Anhängern des Erzbischofs, den König mit vergiftetem Abendmahlswein ins Jenseits zu befördern und im Juni schlugen Jaromars Truppen das Bauernheer von Königin Margarethe bei Nästved.

Anschließend fielen sie in Kopenhagen ein, wo noch heute »Jaromars Platz« an diese Niederlage erinnert. Die Rüganer brandschatzten in Schonen und auf Bornholm, aber dort begegnete Jaromar seinem Schicksal in Gestalt einer todesmutigen Dänin, die ihm einen Dolch ins Herz stieß. Papst Urban IV. wollte diesen blutigen Wirren ein Ende bereiten und setzte Erzbischof Erlandson ab, der daraufhin nach Rom zog, um seine Ansprüche geltend zu machen. Aber auf dem Rückweg nach Dänemark wurde er 1274 auf Rügen durch den Pfeil aus einer Armbrust getötet und Peder Bang schloss endlich Frieden mit dem neuen König Erik. So wurde das kleine Seefahrerdorf am Schaproder Bodden zum Schauplatz europäischer Geschichte. Vermutlich haben ihre Protagonisten in der kleinen Kirche, der drittältesten auf Rügen, um Gottes Beistand und Segen gebetet. Vielleicht war einer meiner Urahnen Zeuge dieser dramatischen Jahre, denn eine Untiefe zwischen Schaprode und der Insel Öhe trägt den Namen meiner Urgroßeltern: der Steinort, der noch immer auf den Rügener Karten eingezeichnet ist.

Nach dem Tode von Jaromar II. bestieg Wizlav II. den Rügenthron und wurde zum großen Förderer Stralsunds und seiner Klöster. Außerdem trat er dem Rostocker Landfriedensbündnis zwischen den großen Seestädten, den Pommernherzögen und den Lauenburgern bei, um seinen Besitz vor neuerlichen Kriegen abzusichern. Doch der Tod von Wizlav II. im Dezember 1302 brachte wieder Unfrieden auf die Insel, weil er testamentarisch seine beiden Söhne, Wizlav und Sambor, zu Thronfolgern bestimmt hatte. Zwar wurde Wizlav III. Alleinherrscher, als sein Bruder starb, aber da hatten sich schon so viele intrigante Allianzen gebildet, dass auch die Herrschaftszeit dieses letzten Rügenfürsten von Kriegen überschattet wurde. Besonders übel ging sein Bündnis mit dem Herzog von Lauenburg gegen Stralsund aus, in dem die Belagerer eine schmähliche Niederlage erlitten und Wizlav III. seine Zollprivilegien sowie sein Münzrecht an die Stralsunder abtreten musste.

In Erinnerung geblieben ist er als der Minnesänger von Rügen, dessen Lieder und Sprüche in der Jenaer Liederhandschrift überliefert sind. Die Burgen vom Rugard, von Garz und Schaprode sind verschwunden, aber die Kirchtürme ragen noch heute über die Felder und Buchten der Insel. Vielleicht haben Sie Glück und hören in einer der Kirchen zwischen Arkona und Zudar ein Lied von Wizlav auf der Orgel.

> »Wohlan, Herr Mai, ich geb Euch hohe Ehren!
> Nun schreitet meine Frau im Festgewande,
> Jetzt schmückst du sie, nicht länger durft es währen,
> Daß Eis und Schnee bedeckt die Lande.
> Erschlossen ist der Schrein, ihr Kleid schmückt Edelstein.
> Sie trat zur Tür und sprach lächelnd zu mir:
> Liebster gefalle ich dir?«

So dichtete Wizlav III. in einem seiner Frühlingslieder. Sie müssen in Deutschland sehr beliebt gewesen sein, sogar Heinrich von Meißen, bekannter als Meister Frauenlob, soll ihn auf Rügen besucht haben. Aber schon 1325 war es mit Macht und Minne vorbei. Der Fürst starb kinderlos und auf seinen verwaisten Thron setzten sich die Pommernherzöge, deren Ahnen auf Arkona leer ausgegangen waren. Jetzt gehörte Rügen zu ihrem Herrschaftsbereich, und da in ihren Landeskassen beständig Ebbe war, versuchten sie, das Letzte aus der Insel herauszuholen. Die Herzöge haben längst das Zeitliche gesegnet, die Ebbe in der Landeskasse ist geblieben.

Während der Herrschaft von Wartislaw VIII. zwischen 1395 und 1415 unternahmen die Vitalienbrüder unter Klaus Störtebeker und Goedeke Michel ihre Kaperfahrten auf der Ostsee und legten auf Rügen zahlreiche Verstecke an. Davon erzählen noch heute die alten Sagen und die Störtebeker-Festspiele in Ralswiek. Der legendäre Seeräuber soll in Ruschvitz auf Jasmund geboren worden sein und nach einem Streit wegen eines Humpen Biers den Vogt des Dorfes erschlagen haben. Um seinen Häschern zu entgehen, war er in einem Boot über die Ostsee geflohen und vor Arkona auf die Schiffe der Vitalienbrüder gestoßen, denen er sich anschloss. Die gefürchteten Kaperer verdankten ihren Namen einem Auftrag von Albrecht III. von Mecklenburg, der sie im Winter 1393 nach Stockholm geschickt hatte, um die von den Dänen belagerte Stadt mit Nahrungsmitteln – Viktualien – zu versorgen.

Auf Rügen hießen sie Likedeeler, weil auf ihren Schiffen das Prinzip »Like Deel«, also gleicher Anteil an der Beute vom Kapitän bis zum Schiffsjungen, herrschte. Um Likedeeler zu werden, musste man einen Zinnteller zusammenrollen, ein Hufeisen zerbrechen und einen gewaltigen Bierhumpen leeren können. Störtebeker soll vor allem Letzteres ein paar Mal hintereinander geschafft haben, und so erhielt er seinen Bordnamen – Claas Störtebeker, auf Hochdeutsch: Klaus Stürzebecher. Diese Kunst wird auf Rügen noch heute gepflegt. Besonders beliebt ist das in Stralsund gebraute Störtebeker-Bier, das inzwischen internationale Preise gewonnen und sogar bayrisches Weißbier ausgestochen hat. Kampftrinken gehört auf unserer Insel seit Menschengedenken zur Protestkultur und diese Tradition reicht bis zu den Metfesten der alten Slawen zurück. Wo andere Camps errichten und Spruchbänder entrollen, da heben wir die Gläser und prosten uns mit dem alten Kampfspruch der Likedeeler zu: »Nich lang schnacken – Kopp in'n Nacken!«

Ich hörte die Sagen um Störtebeker zum ersten Mal von meinem Großonkel Paul, der mir auch verriet, dass die Likedeeler einen Teil ihrer Schätze in der Stubnitz vergraben hätten. Das machte die Piratenschlucht am Hochuferweg besonders anziehend, aber immer wenn ich mit meinen Freunden dort graben wollte, kam Förster Krohnfuß und verjagte uns. Auch die historischen Likedeeler wurden bald von der Hanse aus der Ostsee vertrieben und 1401 durch Simon von Utrecht vor Helgoland gefangen genommen. Der Hamburger Rat machte kurzen Prozess mit ihnen und ließ sie auf dem Grasbrook hinrichten. Störtebeker soll nach seiner Enthauptung noch an einer Reihe seiner Schiffskameraden vorbeigegangen sein, um ihr Leben zu retten, bis ihn ein heimtückischer Henkersknecht mit einem Richtblock zu Fall brachte. Sein Grab befindet sich der Rügener Sage nach auf der kleinen Insel Tollow, südlich von Zudar, wo er in einem goldenen Sarg ruht. Nur ein Fischer aus der Gegend kennt die genaue Lage und muss sie vor seinem Tod einem anderen anvertrauen, sodass das Geheimnis über die Jahrhunderte bewahrt bleibt. Selbstverständlich schweigen die Fischer von Zudar wie das Grab und keine Wirtschaftskrise hat jemals ihr Schweigen gebrochen.

Dass die Historiker neuerdings behaupten, Störtebeker sei gar nicht auf Rügen, sondern entweder in Rotenburg an der Wümme oder in Verden an der Aller geboren, ringt einem Rüganer nur ein müdes Lächeln ab. Ein echter Seeräuber wird an der See geboren und nicht an der Wümme. Dass nun auch noch die Hansestadt Wismar Geburtsrechte anmeldet, obwohl die Hansen ihn auf dem Gewissen haben – Schwamm drüber.

In Störtebekers Todesjahr wird übrigens die Kirche von Bobbin, die seinem Geburtsort Ruschvitz am nächsten liegt, in den vatikanischen Annalen erwähnt. Der »ecclesia parochialis S. Pauli in Babbin« wurde von Papst Bonifazius IX. ein Ablass gewährt, wahrscheinlich, weil Sankt Peter selbst mal wieder sanierungsbedürftig war. Ich habe mich oft gefragt, ob Störtebeker als Junge hier wohl manchmal zum Abendmahl gegangen ist. Das erste Gotteshaus wurde schon 1250 auf dem Bobbiner Kirchberg erbaut und aus den Turmfenstern kann man weit über Jasmund und Wittow bis zum Kap Arkona sehen. In ihrer heutigen Gestalt als einzig erhaltene Feldsteinkirche der Insel wurde sie allerdings erst um 1400 errichtet.

Für mich gehört sie zu den schönsten Kirchen der Insel, und auf ihrem barocken Beichtstuhl steht der beherzigenswerte Spruch:

»Wahr ist's, Gott ist wohl stets bereit Dem Sünder mit Barmherzigkeit, Doch wer auf Gnade sündigt hin, Fährt fort in seinem bösen Sinn Und seiner Seele selbst nicht schont, Dem wird mit Ungnad abgelohnt.«

Vom Reichtum der Hanse kündet der Altar einer kleinen Kirche auf Ummanz, in der ich unseren Spaziergang durch Rügens Mittelalter beenden möchte. Das Dorf Waase liegt fernab der bekannten Sehenswürdigkeiten und Spektakel, beherbergt aber dennoch einen der bedeutendsten Kunstschätze der Insel. Als Tochterkirche von Gingst bereits 1322 erwähnt, kam die Gemeinde 1340 mit Ummanz und Hiddensee in den Besitz des Heiliggeistklosters zu Stralsund. Das Kloster betrieb das älteste Hospital der Stadt und war durch Schenkungen und Spenden der Bürgerschaft reich geworden. Stralsunder Kaufleute, die um 1540 geschäftlich in Antwerpen zu tun hatten, hörten dort von einem Altar, der in einer der berühmtesten Holzschnitzerwerkstätten für eine Londoner Kirche angefertigt, aber seit 20 Jahren nicht abgeholt worden war. Der Altar zeigte Stationen aus dem Leben und Sterben des Erzbischofs Thomas Becket von Canterbury, den Heinrich VIII. 1538 aus dem anglikanischen Glaubenskanon als katholischen Märtyrer ausgestoßen hatte. Die Stralsunder erkannten die künstlerische Qualität und das gute Geschäft und kauften den Altar preiswert für die Stadtkirche Sankt Nikolai. Im Zuge der Reformation wurde er von dort ins Heiliggeistkloster und 1708 schließlich in die kleine Kirche von Waase abgeschoben. Hier kann man noch heute die dramatischen Szenen von der Ermordung Thomas Beckets durch die Ritter Heinrichs II. vor dem Altar der

Kathedrale von Canterbury bewundern sowie den Schwur des Königs, mit der ganzen Sache nichts zu tun zu haben. Christus und der ungläubige Apostel Thomas blicken auf den meineidigen Monarchen herab und denken sich ihr Teil. Der Altar allein ist eine Reise nach Ummanz wert. Sie werden dort eine Landschaft entdecken, die noch so unberührt ist wie in jenen Tagen, als die Nonnen und Mönche nach Rügen kamen.

Häfen und Vitten

*»Die Völker am Baltischen Meer haben ihre
trafiques sehr weit extendiert und jenseits von
Preussen, Liefland und Moscau Handel und
Wandel getrieben.«*

Ernst Heinrich Wackenroder, Altes und Neues Rügen,
1730

Doch nicht nur die Likedeeler befuhren unsere Gestade,
gefischt wurde auf Rügen seit Urzeiten, wie die Funde
von knöchernen Angelhaken und Harpunen beweisen. Die
Ranen und Slawen wussten den Fischreichtum der Ostsee
und des Boddens zu schätzen und ernährten ihre Familien,
wie es Generationen nach ihnen taten: als Fischerbauern,
die nicht nur mit Netzen und Reusen, sondern auch mit
Pflug und Sichel umzugehen wussten. Denn von Hering
alleine konnten sie nicht leben, obwohl der schon damals
so häufig auf den Tisch kam wie später in den Gesindekü-
chen, wo er als Armeleutefisch galt.

Die Slawen wagten sich mit ihren seetüchtigen Booten aus den Rügener Gewässern bis in die schwedischen und dänischen Fanggründe. Das gab bald Ärger mit den skandinavischen Fischern und führte zu blutigen Auseinandersetzungen, die erst im 20. Jahrhundert durch die Einführung von Fischereizonen und Fangquoten halbwegs befriedet wurden. Die Chroniken des 12. Jahrhunderts erwähnen zum ersten Mal die Rügener Vitten, deren Name sich an einigen Orten bis heute gehalten hat und Handelsplätze bezeichnet, wo der in der Saison gefangene Hering gesalzen, eingetonnt und nach ganz Europa weiterverkauft wurde. Doch über die Ostsee und die Klippschifffahrt kamen die Rüganer im Mittelalter nicht hinaus, und das lag nicht an ihrem mangelnden Mut. Schon Thomas Kantzow weist in seiner »Pomerania« von 1538 auf diesen leidigen Umstand hin: »Ehedem hatten die Ruganer viel Schiffe, damit sie zur See werts handelten und kriegten, itzt aber dürfen sie keine haben, sondern allein Boote, damit sie ihre Waren zum Sunde bringen.« Was war passiert?

Durch die von Fürst Wizlav I. verliehenen Privilegien war Stralsund nach 1234 schnell zu einer wohlhabenden Seehandelsstadt geworden. Ihre Schlüsselstellung am Sund war selbst den mächtigen Lübeckern bald ein Dorn im Auge, und so legten sie die Stadt bei einem Überraschungsangriff im Jahre 1249 in Schutt und Asche. Aber die Stralsunder ließen sich davon nicht entmutigen, sondern bauten ihre Stadt mit höheren Stadtmauern und Wehranlagen wieder auf. Sie verleibten sich bei der Gelegenheit mit Zustimmung Wizlavs II. auch gleich noch das benachbarte Schadegard ein. Anschließend nahmen sie sich die Rügener Konkurrenz vor und erwirkten bei dem ewig klammen Rügenfürsten, dass die Rügener Fischer und Seeleute nur noch auf Küstenfischerei und kleine Fahrt gehen durften und ihre Fänge sowie ihr Getreide zuerst auf den Stralsunder Märkten anzubieten hatten. Dass sie mit diesem Monopol auch die Preise diktieren konnten, fuchste die Rüganer nicht wenig und erklärt die jahrhundertelangen Animositäten zwischen Insulanern und Hanseaten. Der Landrat Arnold von Bohlen nannte die geldgierigen Stralsunder in einem seiner Briefe »anguis in herba«, die Schlange im Kraut.

Auf die Idee, diese beiden Regionen in den Landkreis Vorpommern-Rügen zusammenzufassen, konnte nur eine Regierung kommen, die genauso kurzsichtig war wie die Rügenfürsten. Gespart wurde dadurch bisher kein Cent, wie das bei Verwaltungsreformen gang und gäbe ist. Aber das Misstrauen in die Politik ist größer geworden und so hat die Reform unterm Strich doch schon etwas Gutes erreicht.

Was für die damaligen Rügener Fischer Stralsund war, ist für die heutigen Brüssel. Die Fangquoten, die ihnen von den Bürokraten der EU vorgeschrieben werden, haben die Kutterfischerei auf der Insel so gut wie ruiniert und den Rest besorgt eine absurde Preispolitik. Dass sich inzwischen die Dorsch- und Heringsbestände leicht erholt haben, liegt kaum an den Brüsseler Auflagen, sondern vor allem am vermehrten Zustrom sauerstoffreichen Salzwassers aus der Nordsee, das durch zunehmende Nordostwinde wieder in die salzwasserarme Ostsee gedrückt wird.

Von den 14 Kutterfischern, die sich nach 1990 zu einer Genossenschaft im Sassnitzer Hafen zusammengeschlossen hatten, gibt es heute gerade noch zwei. Die deutschen Küstenfischer haben weder in Berlin noch in Brüssel eine Stimme, und die Fischereipolitik wird dort im Wesentlichen von Frankreich, Spanien und Portugal dominiert, die an einer Änderung der Situation keinerlei Interesse haben. Wenn Sie in Zukunft noch frischen Fisch auf Rügen essen möchten statt Pangasius aus Asien oder Lachs aus norwegischen Farmen, dann sollten Sie bei den Kutterfischern kaufen und auch zu Hause nach Rügenfisch fragen.

Bis in die Schwedenzeit Anfang des 19. Jahrhunderts hinein gelang es den Stralsunder Rats- und Handelsherren, die Rügener Schifffahrt unter ihrem Daumen zu halten. Aber die Rüganer hatten auch das Seefahrerblut ihrer Vorfahren in den Adern und ließen sich von der Pfeffersäcken am Sund nicht so mir nichts, dir nichts verbieten, womit und wohin sie fahren durften. Der Rügener Historiker Wolfgang Rudolph hat aus alten Schiffsregistern und Gerichtsakten herausgefunden, dass die Kapitäne von Schaprode und Wiek um 1770 mit ihren Jachten Getreide bis nach Kopenhagen und Bordeaux brachten und dass nach der Übergabe Rügens an Preußen immerhin 55 Jachten und Slupen gezählt wurden. Und damit werden die Rüganer bestimmt nicht bloß zum Angeln gefahren sein.

Nach dem Ende der britischen Navigationsakte 1849 und der Aufhebung des dänischen Sundzolls begannen die Rügener Schiffer unter Vollzeug um die Welt zu segeln. Sie kauften Galeonen und Schoner und fuhren damit bis nach Norwegen und Schottland hinauf. 1860 reiste der erste Tiefseesegler aus Breege in die Karibik und später, kühn geworden durch die Gewinne aus dem transatlantischen Handel, bis nach Singapur und Australien. Sie brachten englisches Steingut und chinesisches Porzellan, karibischen Rum und pazifische Muscheln mit nach Hause. Und natürlich jede Menge Seemannsgarn, wie es John Brinkmann seinen Helden Peter Lurenz erzählen lässt, den berühmten Entdecker der horizontalen Peilung und des submarinen Pegels. In den Kirchen von Göhren, Middelhagen, Rambin und Swantow können Sie noch heute die Votivschiffe bewundern, die die alten Seefahrer zum Dank für ihre glückliche Heimkehr selber gebaut und aufgetakelt haben.

Aus manchem Rügener Fenster schauen noch heute ein paar schneeweiße Porzellanpudel aus Staffordshire, die bei uns Puff-Hunde heißen, weil sie früher angeblich in britischen Bordellen Wache hielten. Aber wahrscheinlich ist ihnen dieser schlechte Ruf von neidischen Nachbarn angedichtet worden, die keinen Seemann in der Familie hatten. Solche Landratten galten noch in meiner Kindheit als Insulaner zweiter Klasse, denn sie hatten nichts von der Welt gesehen und über die Abenteuer zwischen Kattegatt und Georges-Bank konnten sie auch nicht mitreden.

Ich konnte, weil mein Vater seit seiner Jugend zur See fuhr. Er war mit 18 Jahren von zu Hause weggelaufen und dem Ruf des Sassnitzer Fischkombinats gefolgt, das 1949 gegründet wurde und dringend Besatzungen für seine Kutter brauchte. Nahrungsmittel waren auch vier Jahre nach Kriegsende noch knapp und Fisch sollte den Hunger der Bevölkerung und der sowjetischen Besatzungstruppen stillen. Die Ausbildung erfolgte an Bord und niemand fragte nach Schulabschluss oder polizeilichem Führungszeugnis. Die jungen Männer mussten nicht nur Navigation und Netzstricken lernen, sondern auch Kochen, Waschen und Nähen. Und Fischen, was bei schwerer See und schlechtem Wetter gefährlicher war als die Arbeit im Bergwerk unter Tage. Dafür bekamen sie Schwerstarbeiterkarten und Fisch zum Frühstück, zu Mittag und zum Abendbrot.

Der Sassnitzer Hafen lag nach den Fliegerangriffen vom März 1945 noch in Trümmern, aus denen das neue Kombinat nach sowjetischem Vorbild mit Fischhalle, Netzboden, Werkstätten und Sozialgebäuden erst einmal aufgebaut werden musste. Im Februar 1949 begann die erste Fangsaison mit zwölf Holzkuttern, die auf Hering, Dorsch und Flunder Jagd machten. 1950 wurde die Betriebsberufsschule und ein Lehrlingswohnheim errichtet, bis dahin schliefen die jungen Fischer an Bord. Ein Jahr später kamen die ersten 24-Meter-Kutter aus der Damgartener Werft. 1953 machte mein Vater, der inzwischen Decksmann geworden war, seine erste Reise in die Nordsee.

25 Jahre später stand ich am Steuerruder von SAS »Doggerbank« und steuerte denselben Kurs Richtung Skagerrak. Zur See zu fahren war für die meisten meiner Klassenkameraden schon in der Schule beschlossene Sache. Das lag nicht nur an den Abenteuern, von denen unsere Väter nach jeder Fangreise berichteten, und auch nicht nur an Heuer und Valuta, mit denen man im Intershop Jeans und Whisky kaufen konnte. Es war wohl vor allem die Sehnsucht, herauszukommen aus der Dreimeilenzone, die für uns die unsichtbare Mauer bildete. Heraus aus der Enge und dem Fischmehlmief unserer Heimatstadt, um endlich zu sehen, was hinter dem Horizont lag, auf den wir jeden Morgen aus dem Schulfenster blickten. Einige von uns spielten bestimmt auch mit dem Gedanken, die DDR bei der ersten sich bietenden Gelegenheit hinter sich zu lassen und achteraus zu segeln, wie man die »Republikflucht« unter Seeleuten nannte.

Meinem Vater waren nach 1961 als Kapitän in Schweden und Norwegen ein paar Mal Besatzungsmitglieder abhandengekommen. Er handelte sich deswegen viel Ärger mit der Parteileitung ein, die einen Sündenbock brauchte, und das war immer der »sozialistische Leiter an Bord«. Auch darüber gab es Geschichten an unserem Abendbrottisch und ich lernte früh, dass es eine Wahrheit für die Schule und eine für zu Hause gab. Das löste bei mir aber nicht den später für DDR-Bürger kollektiv diagnostizierten »Gefühlsstau« aus, sondern eher Neugier und den Wunsch, nun gerade schwedische Schären und norwegischen Fjorde sehen zu wollen – und zwar vor meiner Rente. In der Zwischenzeit las ich Defoe, Stevenson und Melville, deren Bücher mir mein Vater aus seiner Bordbibliothek gegeben hatte, wenn wir ihn nach einer langen Fangreise am Anleger abholen durften.

Ich hatte doppeltes Glück: mit meinem ersten Beruf und meiner ersten Weltliteratur. Denn wer mit »Moby Dick«

groß wird, der ist für den Großteil der Gegenwartsliteratur verloren. Die Seefahrt weckte meine Abenteuerlust und die Seeliteratur mein Fernweh. 15 Jahre später sollte ich in Herman Melvilles Arbeitszimmer auf seiner Farm »Arrowhead« stehen, in dem er mit Blick zum Mount Greylock sein großes Buch vom Weißen Wal geschrieben hat. Die Liebe zu diesem Roman und die Liebe zu einer Insulanerin von Long Island haben mich dann fast zehn Jahre an der Küste von Massachusetts festgehalten, wo ich mein erstes Rügenbuch geschrieben habe. Aber begonnen hat alles auf einem 26,5-Meter-Kutter, der genauso alt war wie ich selber, im Hafen von Sassnitz, mit Blick auf die Kimm der Ostsee.

Sagenhaftes Rügen

»Meerumschlungen und kreidegrün, Märchendurch-
klungen und heldenkühn, Herden im Hage, reifen-
des Feld, Flüsternde Sage, Lug in die Welt.«

Gerhart Hauptmann im Fremdenbuch von Arkona,
1885

Rügen war Gottes letzte Schöpfung. Das berichtet glaub-
haft die Sage von der Entstehung der Insel: »Als unser Herrgott die Welt erschuf und schon beinahe damit fertig war,
wandelte er am sechsten Tag kurz vor dem Sonnenuntergang auf Bornholm und blickte hinüber zur pommerschen
Küste. Neben ihm stand sein Maurerschaff, in dem die große
Kelle steckte. Es war aber nur noch ein kleiner Rest Erde
übrig. Wie er nun über die Ostsee schaute, erschien ihm
die Küste auf der anderen Seite doch noch ein wenig kahl.
Also nahm er die letzte Erde aus dem Schaff und warf sie
übers Meer. Etwa eine halbe Meile vor dem Festland fiel
der Klumpen ins Wasser. Der Herr strich mit der Kelle die

Kanten gerade und machte den Erdklumpen an den Rändern glatt und rund. So wurde Rügen eine Insel wie andere auch. Inzwischen war aber die Sonne schon beinahe untergegangen. Der Herrgott wollte Feierabend machen, darum kratzte er schnell alle Reste zusammen und warf sie zur Insel hinüber. So entstanden Jasmund und Wittow. Das sah zwar ein wenig rau aus, aber unser Herrgott dachte: S ist Feierabend, und nun lass es man, wie es ist.«

Mit solchen Sagen bin ich aufgewachsen und meine Großmütter und Großtanten kannten sie alle: von der Seejungfrau am Waschstein beim Königsstuhl und Störtebekers Höhlen, von der schwarzen Frau in der Stubbenkammer und den Unterirdischen im Dobberworth, vom Aufhocker und dem wilden Jäger, der mitternachts die weißen Weiber auf Mönchgut jagt. Das waren für mich nicht irgendwelche Spukgeschichten aus finsterer Zeit, sondern höchst gegenwärtige Schrecken, wenn nachts der Sturm im Schornstein heulte und schwarze Schatten am Kammerfenster vorbeijagten.

Meine Großmutter wusste auch, dass eine ihrer Nachbarinnen eine Hexe war und wie man sich vor ihr schützte: eine Nähnadel unter der Türschwelle und eine im Rocksaum, und die Hexe war machtlos. »Över dree Oogen kann sei nich kümmen« – und das dritte Auge war das in der Nadel. Nachdem unsere Hausärztin vergebens versucht hatte, eine Warze auf meinem Daumen zu entfernen, ließ meine Großmutter eine Schnecke darüberkriechen und murmelte ein paar Worte dazu, die ich nicht verstand. Ich musste ihr hoch und heilig versprechen, mit niemandem darüber zu reden, schon gar nicht mit unseren Lehrern oder meiner atheistischen Mutter. Die Nachbarshexe kam dann tatsächlich nie wieder wegen Salz oder Zucker, und meine Warze verschwand. Da wusste ich, meine Großmutter war eine der weisen Frauen aus der Sage. Als ich einmal meine Sommerferien in ihrem kleinen Katen neben der Kirche verbrachte, vertraute sie mir nach und nach ihre Geheimnisse an. Sie erzählte sie als Geschichten von ihrer Großmutter, die Fieber und Durchfall mit Donnerkeilpulver geheilt und geriebenen Bernstein gegen Zahnschmerzen verabreicht hatte. Ein besonders frommes Mittel gegen hartnäckige Erkältungen oder Wunden war der Abrieb von den Backsteinen der Kirche, am wirkungsvollsten von denen in der Sakristei. Schauen Sie sich mal die Außenwände der Kirchen von Altenkirchen und Schaprode an, dort werden sie winzige Zeichen und Rillen entdecken, die beweisen, dass meine Großmutter nicht die Einzige war, die an dieses Heilmittel glaubte. Dafür musste man bei Vollmond ein besonderes Messer verwenden, dessen Klinge noch kein Blut befleckt hatte. Aber man durfte sich nicht vom Pastor oder vom Küster erwischen lassen, denn die kämpften unerbittlich gegen solche Relikte heidnischen Aberglaubens.

Vor allem das dreimalige Herumtragen eines Verstorbenen um die Kirche vor seiner Beisetzung versuchten sie abzuschaffen. Auf Hiddensee ließen sich die Fischer von ihrem Pastor zwei Runden abhandeln, aber als er ihnen auch noch die dritte ausreden wollte, schüttelten sie energisch die ergrauten Köpfe. »Dat geiht nich, Herr Paster! Hei kümmt doch süss wedder!«

Die Furcht vor Untoten und Gespenstern lebte nicht nur in den Sagen vom Aufhocker und von den ruhelosen Seelen ertrunkener Seeleute, denen weder Abendmahl noch christliches Begräbnis zuteil geworden war. Sie war gegenwärtig, wenn ich mit meiner Großtante Ella auf den alten Friedhof von Sagard ging, auf dem ihre Eltern begraben lagen, und sie mich mahnte, nicht zu pfeifen und keine Efeublätter von den Gräbern zu pflücken, weil die Toten mich sonst im Traum heimsuchen würden. Sie wusste Geschichten von Fischersfrauen, denen ihr Mann oder ihr Verlobter in der Nacht, in der sie auf See geblieben waren, plötzlich am Fenster oder sogar am Fußende ihres Bettes erschienen war und die am anderen Tag die Todesnachricht erhielten. Wer mit solchen Sagen aufwächst, den kann Halloween nicht mehr schrecken.

Meine Tante kannte sich auch mit Kräutern und Pilzen aus. Wenn wir von Buddenhagen nach Sassnitz zum Einkaufen durch die Stubnitz gingen, pflückte sie Kamille, Waldmeister und Thymian und trocknete sie in der Speisekammer für heilende Aufgüsse. Mein Großonkel Paul dagegen hielt wenig vom Wald-und-Wiesen-Tee seiner Frau, sondern kurierte seinen Magen mit einem doppelten Koem, in den er drei Pfefferkörner versenkte. Ich durfte daran nippen und schluckte begeistert, um mich seines Vertrauens würdig zu erweisen. »Der räumt auf!«, sagte mein Onkel und kippte sich den Schnaps samt Körnern hinter die Binde. Als ich mich einmal bei der Jagd nach einer Blindschleiche an einem Brennnesselbusch gebrannt hatte, nahm er ein großes Küchenmesser mit breiter Klinge, legte es flach auf die roten Quaddeln und sagte: »Ick heel die mit dat kolle Metz – wech is de Brand, wech is de Krätz!« Ich weiß nicht, ob der Schreck oder die Kälte halfen, jedenfalls spürte ich danach keine Brennnesseln mehr.

Auf den Geburtstagsfeiern, die mit unserer weitläufigen Verwandtschaft immer ausgiebig gefeiert wurden, sprachen die Frauen oft über die Erfolge ihrer ungewöhnlichen Heilmethoden, während die Männer Karten spielten und die gute Stube mit Zigarren der Sorte »Sprachlos« zuqualmten.

»Wehdag kuriern« war ein beliebtes Thema und so erfuhr ich, dass es neben Kräutern und Koem auch drastischere Mittel gab. Gegen Frostbeulen und Flechten half frischer Urin, gegen Geschwüre warmes Pferdeblut und gegen Krämpfe ein Pulver aus getrockneten Kröten. Diese Rezepte stammten aus jener Zeit, als es auf den Dörfern der

Insel weder Arzt noch Gemeindeschwester gab und Kräuterfrauen oder Besprecher die Einzigen waren, von denen man sich Heilung erhoffte.

Auch die Rüganer Hochzeitsbräuche hatten es in sich, obwohl ich die meisten davon nur noch vom Hörensagen kenne. So musste sich noch zu Ernst Moritz Arndts Kindertagen der Bräutigam am Tag vor der Hochzeit auf einen Stein am Garzer Marktplatz stellen, falls irgendjemand Einspruch gegen die geplante Ehe erheben wollte. Offenbar machten leidenschaftliche junge Rüganer schon damals mehr als ein Eheversprechen, um an das Ziel ihrer Wünsche zu kommen. Denn schon in Matthäus Normanns »Rügisch-Wendischem Landgebrauch« von 1522 gilt eine Ehe als rechtskräftig, wenn der erste Beischlaf vollzogen war.

Geblieben ist von diesem Brauch der Kinderspruch aus einem Pfänderspiel, das noch zu meinen Kindertagen gespielt wurde: »Ich stehe hier auf einem Stein – und wer mich lieb hat, löst mich ein.« Wenn man Glück hatte, kam ein Mädchen und küsste einen frei, um dann selbst auf den Stein zu steigen. Das ermöglichte spielend die Erkundung früher Neigungen. Wenn man Pech hatte, blieb man stehen, bis sich irgendein anderes Mauerblümchen erbarmte.

Einen »Breeten Steen« gibt es heute noch auf dem Weg von Groß Zicker nach Gager, obwohl ein Bräutigam da inzwischen ziemlich einsam herumstehen würde. Vielleicht war das einer jener alten Heidensteine, auf denen zur Slawenzeit der Fruchtbarkeitsgöttin Hertha Opfer dargebracht wurden. Die Vertiefungen dafür, die sich auch auf dem Opferstein bei Quoltitz finden, hat man später mit Blutopfern in Verbindung gebracht. Dabei wird es sich aber eher um Tieropfer als um Menschen gehandelt haben, obwohl einige Chronisten das den heidnischen Priestern gern anhängen wollten.

Noch im 19. Jahrhundert schritten Hochzeitsgesellschaften nach der Trauung dreimal um solche Steine, um reichen Kindersegen zu erbitten. Die Kirche versuchte auch diesem Brauch Einhalt zu gebieten und taufte die Findlinge deshalb »Teufelssteine«, was die Rüganer Brautpaare aber nicht davon abhielt, ihre Runden zu drehen.

Hochzeit wurde selbst bei den ärmeren Bauern und Fischern ausgiebig gefeiert. Meine Mutter hat mir erzählt, wie die gute Stube und das kleine Schlafzimmer meiner Großmutter ausgeräumt wurde, damit die Gäste samt Verwandtschaft hineinpassten – mitunter mehr als 50 Personen auf 20 Quadratmetern. Nachdem man am Polterabend die bösen Geister aus dem Haus vertrieben und die Hochzeitsgeschenke übergeben hatte, versammelten sich alle am anderen Morgen zum Kirchgang. Musikanten und Brautjungfern, die auf die schönen Namen Nüll, Tüll und Sack hörten, schritten dem Zug voraus.

Ihnen folgte der »Inschenker«, der während der gesamten Feierlichkeiten für den Schnaps zu sorgen hatte und deshalb auch eine volle Flasche als Amtszeichen schwenkte. Das Brautpaar folgte diesem merkwürdigen Geistlichen Hand in Hand und so gingen auch alle Gäste: erst die Männer, dann die Frauen. Der Pastor wurde vom Pfarrhaus abgeholt und unter Glockengeläut und Gesang betrat man die Kirche. Vor dem Altar durften sich Braut und Bräutigam nicht mehr umdrehen, weil das bedeutet hätte, sie suchten noch nach was Besserem. Beim Ringwechsel gaben sich die Brautleute die Hand, wobei die Braut darauf achten musste, den Daumen oben zu haben. Denn nur so, hatte ihr die Mutter eingeschärft, würde sie auch in Zukunft das Sagen im Haushalt haben. Auf Mönchgut soll sie zur Sicherheit in diesem Augenblick auch noch ihren Fuß auf den des Bräutigams gesetzt haben. Seemanns- und Fischerfrauen mussten wegen der langen Abwesenheit ihrer Männer von Anfang an lernen, auf sich allein gestellt zu sein. Ich habe meine Groß-mütter und Großtanten immer dafür bewundert, wie resolut und praktisch sie mit allen Widrigkeiten des Lebens umzu-gehen wussten. »Emanschpazjohn bruck ick nich«, sagte meine Tante Ella, als die Frage nach der Gleichberechti-gung der Frau auch in der DDR diskutiert wurde. »Hei mockt jo doch, watt ick em sech.« Und das war auch bes-ser für meinen Onkel.

Noch um 1900 gab es auf Rügen vor dem Hochzeitsmahl sogar so etwas wie einen Junggesellinnen-Abschied. Dazu ging die Braut mit ihren Freundinnen nach der Trauung in eine eigens dafür eingerichtete »Warmbierstube«, wo jede zum Abschied einen großen Bierkrug leer trank, sodass die Mädchen schon leicht angeschickert an die Hochzeitstafel kamen. Dort erwartete die Gäste ein üppiges Menü, dessen Gänge vom Brautdiener als Zeremonienmeister einzeln an-gekündigt wurden: Kochfisch mit Gemüse, Schweinebraten mit Backpflaumen, weißes Hochzeitsbrot mit Anis und Küm-mel und zum Nachtisch Milchreis mit Zimt und Zucker. Das ist heute natürlich alles ein bisschen edler, aber immer noch üppig, und Bier und Koem fließen immer noch in Strömen.

Mancherorts wurde auch eine zerteilte Hechtleber aufge-tragen, zu der jeder Gast einen Leberreim aufsagen musste, bevor er oder sie ein Stück nehmen durfte. Die fielen mit-unter sehr deutlich aus: »De Läber is von'n Häkt und nich von'n Mann/Suup nich tauväl, du müttst hüt nacht noch ran!« Das ging in Richtung Bräutigam und bedeutet über-setzt: »Die Leber ist vom Hecht und nicht vom Mann/sauf nicht zu viel, du musst heut Nacht noch ran!« Johann Ja-cob Grümbke hat auch noch andere Reime überliefert, die zwar etwas metaphorischer, aber ebenso eindeutig waren:

»Alle Tonnen sollen leben,
die uns gute Weine geben,

Einbegriffen sey jedoch,
Auch der Zapfen und das Loch.«

Manche Hochzeiten sollen drei Tage gedauert haben, woran ein altes Volkslied erinnert:

»Dree Dag, dree Dag, dree lustige Dag,
Nahwers dor kümmt dei ewige Plaag,
Denn fählt dat an Grütt
Und denn fählt datt an Mähl,
Denn schriegen dei Kinner:
Uns hungert soväl!«

(»Drei Tage, drei Tage, drei lustige Tage / Nachher da kommt die ewige Plage / dann fehlt es an Grütze und an Mehl fehlt es auch / dann heulen die Kinder: / Uns hungert der Bauch!«)

Die schönste Hochzeit, die ich auf Rügen mitgemacht habe, war die Silberhochzeit meiner Großmutter. Weil die Verwandtschaft samt Kindern, Enkeln und Gästen inzwischen so zahlreich geworden war, dass sie bei aller Sparsamkeit nicht mehr in zwei Stuben untergebracht werden konnte, hatten meine Großeltern das »Deutsche Haus« in Sagard gemietet, wo es auch einen Tanzsaal und einen Tresen gab. Während die Frauen sich ums Essen kümmerten, hatte mein Onkel Ulli mir den Ausschank anvertraut. Stolz schenkte ich Bier und Schnaps aus, aber kurz vor dem Abendbrot kam er mit gerunzelter Stirn zu mir und fragte: »Was is denn los? Die sind ja alle noch nüchtern!« Ich verteidigte mich, dass die Verwandtschaft eben älter geworden sei und die Frauen schärfer auf ihre Männer aufpassten, aber das ließ er nicht gelten. Mit geübter Geschwindigkeit füllte er ein ganzes Tablett voller Schnapsgläser und machte damit dreimal die Runde. Schon am Abendbrottisch ertönte Gesang, und es wurde viel geküsst.

Ehebruch wurde auf Rügen im Mittelalter drastisch bestraft, überliefert Matthäus Normann. Männer wurden dafür geköpft, Frauen verbrannt. Auch auf Geschwisterliebe stand der Feuertod und das Recht der ersten Nacht soll von einigen Gutsbesitzern bis ins frühe 19. Jahrhundert ausgeübt worden sein. Ernst Moritz Arndt schreibt darüber in seinen »Erinnerungen aus dem äußeren Leben«: »Wenn man den Hof des alten Landrats von X auf X betrat, war eine große Familienähnlichkeit der verschiedenen Gesichter des Gesindes unverkennbar: es war wie die Familie eines Patriarchen Abraham mit fünf Weibern und zwanzig Kebsweibern.« Die Pastoren hatten es bei einem solchen Durcheinander nicht leicht, die Geburtsregister zu führen. Als ich im Sommer 2004 den damaligen Pastor Bartelt von Sagard wegen unseres Familienstammbaums aufsuchte, schlug er in den alten Kirchenbüchern bis 1730 nach und manchmal entfuhr ihm beim Umblättern ein leises »Oh!«. Beim dritten »Oh!« fragte ich nach, was es denn da so Erstaunliches gebe? Er schob die Brille auf die Stirn, sah mich kurz an und sagte dann: »Meine Amtsbrüder haben seinerzeit kleine Zeichen neben die Namen gemacht, wenn ein Kind vor oder außer der Ehe geboren wurde, sodass Ihre Nachfolger Bescheid wussten. Aber seien Sie unbesorgt, Ihre Familie ist da keine Ausnahme.«

Einer seiner Amtsbrüder, ein Pfarrer von Groß Zicker, gab dem Badebetrieb die Schuld für die Lockerung der Sitten und zählte penibel auf, dass zwischen 1870 und 1900 bei 600 Geburten schon 90 uneheliche gewesen seien. Später fand ich heraus, da gab es auch noch ganz andere Zeichen für ein anderes Problem: In manchen Dörfern waren nur sehr wenige Familien ansässig, die immer wieder untereinander heirateten. Als der Rügener Pastor und Bürgerbeauftragte Frieder Jelen nach der Wende unvorsichtigerweise auf diesen Umstand hinwies, wäre es beinahe mit seiner politischen Karriere zu Ende gewesen. Denn Bescheidwissen ist auf Rügen eine Sache, aber Bescheidsagen eine andere.

Überhaupt verweisen viele Sagen und Märchen darauf, dass Reden Silber, Schweigen aber Gold ist – und daran halten sich die Insulaner bis heute. Das hat nichts mit Denk- oder Maulfaulheit, sondern mit schlechter Erfahrung zu tun. Und so bewahren selbst noch die Trinksprüche die Erkenntnisse von Generationen auf:

> *»Wat du sporst förn Mund,*
> *dat frett Katt un Hund.*
> *Wat du drinkst an Bier un Koem,*
> *kann die keneen wech miehr nähm!«*

(»Was du sparst für'n Mund/das frißt Katz und Hund./Was du trinkst an Bier und Koem/kann dir keiner weg mehr nehm!«)

Angeblich gehörte es auf Rügen auch zu den Bräuchen, jedes größere Fest mit einer anständigen Schlägerei zu beenden. Als Kronzeuge dafür wird wieder Thomas Kantzow zitiert, der in seiner »Pomerania« schreibt: »Sonderlich geraten sie in Krügen und Wirtshäusern leicht aneinander und wenn einer sagt: Dat walte Gott und een kolt Isen! so soll man ihm auf die Faust sehen und nicht aufs Maul, denn er ist bald an einem.« Weil ein kaltes Eisen nämlich vom Kehlmesser der Fischer bis zum Rapier des Ritters reichen konnte. Der Chronist behauptet auch, mancher Grundherr habe aus Strafgeldern für Mord und Totschlag übers Jahr mehr Einnahmen bezogen als aus einem ganzen Dorf.

Das war vielleicht im Mittelalter so, aber heute geht es wesentlich gesitteter zu. Und wenn Ihnen ein junger Insulaner mit glasigen Augen und Baseballschläger entgegenkommt, müssen Sie ihn ja nicht unbedingt nach dem Weg zum Bioladen fragen.

Zu Ostern 1967 bekam ich ein kleines Buch geschenkt, das fast alle Sagengestalten und viele sagenhafte Orte versammelte, von denen ich bisher nur gehört hatte. Damals war das gedruckte Wort für mich noch eine unumstößliche Wahrheit. Hier las ich es nun schwarz auf weiß: Es hatte Svantevit und seinen Tempel gegeben! Warum also nicht auch die Göttin Hertha, die Unterirdischen und die Hexe Thrin Wulfen? Und wenn sie früher zwischen Arkona und Zudar gehaust hatten, warum sollten sie jetzt verschwunden sein? Die Sage von der »Schwarzen Frau« bestätigte meine Vermutung gleich am Anfang.

Seit vielen Hundert Jahren sitzt in einer Höhle der Stubbenkammer eine schwarze Frau. Früher bewachte sie einen kostbaren goldenen Becher und eine weiße Taube saß auf der Kreideklippe über dem Eingang zu ihrer Höhle. Da kam eines Tages ein Schiff von Dänemark her über die Ostsee, das hatte einen Menschen an Bord, der wegen Hochverrats zum Tode verurteilt war. Dem Mann sollte sein Leben geschenkt werden, wenn es ihm gelänge, den Becher aus der Höhle herauszuholen. Seine Bewacher begleiteten ihn bis zum Eingang, der offen stand, aber von Flammen umlodert war. Der Verurteilte ging mutig hindurch und fand im Inneren der Höhle die schwarze Frau, die in einem feurigen Kreis saß. Dicht neben ihr stand der goldene Becher. Der Eindringling griff danach, aber da schlug die Frau ihre Schleier zurück und sagte leise: »Wähle recht, Fremder, und ich bin Dein.« Doch der Mann hatte nur Augen für den Becher, riss ihn aus den Flammen und stürzte davon. Als er den Ausgang erreicht hatte, verwandelte sich die Taube auf der Klippe in einen Raben, der seitdem dort Wache hält. Der Eingang verschloss sich und nur manchmal ist aus dem Inneren eine klagende Stimme zu vernehmen. Es kommen eben immer die Falschen zu den verwunschenen Frauen.

Wenn man weiß, zu welcher Stunde man an welchen Ort gehen muss, dann zeigen sich auch auf Rügen die Feen und die Unterirdischen. Und wenn Sie dieses Buch weiterlesen, werden Sie wissen, wo man ihnen begegnen kann.

Schlösser und Katen

*» Zahlreich ist der Adel, und die Insel ist mit Edel-
höfen und Dörfern, Meiereien und Holländereien
wie übersät. Die Einwohner sind fleißig, gutmütig
und sehr gastfrei. «*

Aussicht vom Rugard auf Rügen, Borussia-Museum
für preußische Vaterlandskunde, 1838

Meine ersten Erinnerungen an Rügener Schlösser gehen
auf ein unübersehbares und auf ein verschwundenes Schloss
zurück. Beide gehörten zum Besitz des Fürsten Wilhelm
Malte I. zu Putbus, dem größten Grundbesitzer und Erb-
landmarschall der Insel. Das erstere ist das Jagdschloss in der
Granitz, das man von vielen Orten der Insel aus sehen kann,
das zweite seine zerstörte Residenz zu Putbus.

Das Jagdschloss stand auf dem Programm, wenn meine
reiselustige Mutter Gäste über die Insel fuhr, und löste bei
mir jedes Mal Schweißausbrüche aus, weil die 154 Stufen der gusseisernen Wendeltreppe, die auf die Turmspitze

führen, bedenklich schwankten und ihre Verankerung sichtbar locker war. Doch die Aussicht ist ebenso atemberaubend wie der Aufstieg, und man blickt in allen vier Himmelsrichtungen weit über Ostsee und Bodden bis nach Jasmund und Mönchgut. Preußische und schwedische Könige und Prinzessinnen, Hochadel und reiselustige Bürger und sogar Wilhelm von Humboldt und Adolph von Menzel sind hier hinaufgeklettert und haben die Aussicht gerühmt.

Die Granitz gehörte seit 1472 den Herren zu Putbus, die von einer Seitenlinie des alten rügenschen Fürstenhauses abstammen und mit Stoislav von Vilmnitz schon 1193 urkundlich erwähnt werden. Graf Moritz Ulrich ließ 1726 auf dem Granitzer Tempelberg ein erstes Jagdhaus erbauen, an dessen Stelle später ein Forsthaus errichtet wurde. Heute beherbergt es eine Ausstellung über das Biosphärenreservat Südost-Rügen. In meiner Pionierzeit gab es am Jagdhaus ein Zeltlager für junge Naturforscher, in dem wir lernten, nach Karte und Kompass zu wandern, Tierfährten zu lesen und im Wald Feuerstellen anzulegen, ein Gedanke, der den heutigen Naturschützern die Haare zu Berge stehen lässt.

1837 ließ Fürst Wilhelm Malte I., der in der Völkerschlacht zu Leipzig an der Seite des schwedischen Kronprinzen gekämpft und auch beste Beziehungen zum preußischen Hof hatte, an dieser Stelle das Jagdschloss errichten. 1844 wurde der große Mittelturm nach einer Anregung Karl Friedrich Schinkels hinzugefügt. Unter dem Denkmal des Fürsten im Putbusser Park sieht man den großen preußischen Baumeister auf dem Sockelrelief, wie er seinen berühmten Kollegen Thorvaldsen und Kolbe den Turmentwurf erklärt. Für den eigentlichen Architekten Johann Gottfried Steinmeyer, der auch das Schloss zu Putbus, das Badehaus Goor und das Pädagogium entworfen hat, war bei so viel Prominenz kein Platz mehr.

Nach dem Brand des Putbusser Schlosses lebten die Nachfahren Wilhelm Maltes von 1865 bis 1872 auf dem Jagdschloss und statteten es fürstlich aus. Leider ist davon fast nichts übrig geblieben, denn nach 1945 wurden die Rügener Schlösser enteignet und zum Volkseigentum erklärt, was einige aus dem Volk wörtlich nahmen. Manche Putbusser streiten das bis heute vehement ab und behaupten, die Rote Armee habe alles, was nicht niet- und nagelfest gewesen sei, auf Lastwagen abtransportiert.

Aber Franz von Putbus, ein Nachfahre des Hauses, erzählte mir im Sommer 2000 bei einem Besuch auf der Insel, man habe ihm zugetragen, in welchen Rügener Haushalten er Mobiliar und Kunstwerke seiner Schlösser wiederfinden könne. Doch da man seine Familie per Einigungsvertrag ein zweites Mal enteignet hätte, käme es ihm auf ein paar Gemälde und das Familiensilber auch nicht mehr an, zumal das Residenzschloss in Putbus ohnehin zerstört worden sei. Nachdem es geplündert und als Käselager verwendet worden war, zogen zu DDR-Zeiten nacheinander eine Kunstschule, ein Schauspielstudio und schließlich der HO-Laden ein. Dann gab es hochfliegende Pläne: Aus dem Fürstenhaus sollte der Kulturpalast des Volkes werden, samt Bibliothek und Kino, Galerie und Tanzsaal.

Absurderweise bestand die Denkmalpflege vorher auf einem Abriss des Mitteltrakts, weil der als Gründerzeiteinbau angeblich das steinmeyersche Original verschandelte. Der denkmalpflegerische Fachbegriff dafür hieß »Entschandelung« und die wurde gnadenlos in Angriff genommen. Was das Schloss retten sollte, wurde ihm zum Verhängnis. Die geplanten Mittel wurden für den Rückbau aufgebraucht und die Genossen in Bergen und Berlin, denen das Adelsnest ohnehin nicht in die politische Landschaft passte, übten sich ausgiebig in ihrem Fachgebiet der organisierten Verantwortungslosigkeit. Nachdem die Parteibürokraten die

Umbaukosten ins Astronomische hochgerechnet hatten, ließ man Volkes Stimme nach Wohnungen statt Palästen rufen und das Ende des Schlosses war besiegelt. Im Januar 1960 wurde es gesprengt und die Trümmer für den Straßenbau verwendet. Geblieben ist nur die Schlossterrasse zum See, und vom Park her blickt Fürst Wilhelm Malte melancholisch auf seinen verschwundenen Familiensitz hinter dem Holunderbusch. Als ich in den Sechzigerjahren mit meiner Mutter und meiner Großmutter nach Putbus kam, um die Damhirsche im Wildgehege zu füttern, hörte ich oft Besucher sagen:

»Da stand mal das Schloss.«

»Und wo ist es geblieben?«

»Das haben die Russen in die Luft gejagt.«

Von der Geschichte zum Gerücht ist es auch auf Rügen nur ein Schritt.

Das dritte Schloss, dessen sagenhafte Geschichte mich seit meiner Kindheit beschäftigt und das glücklicherweise alle Kriege und Besetzungen überstanden hat, ist das Herrenhaus von Spycker bei Bobbin. Zu DDR-Zeiten war es ein Ferienheim des Freien Deutschen Gewerkschaftsbundes mit einer sehr beliebten Gaststätte im alten Schlosskeller, der eigentlich für die Feriengäste reserviert war. Aber meine Mutter, die auf Rügen mehr Leute kannte als der liebe Gott, bekam immer einen Tisch. Und so hörte ich schon früh die Sage von der mitternächtlichen Hinrichtung des Schlossherrn Carl Gustav von Wrangel auf Befehl des schwedischen Königs, weil er angeblich die Schlacht von Fehrbellin vergeigt hatte. Seitdem soll in einem Zimmer des nordöstlichen Turms ein Blutfleck erscheinen, der sich weder abwaschen noch herausmeißeln lässt. Auch wollen Dienstmädchen nachts einen alten Mann am Fenster und einen schwarzen Hund in den Gängen gesehen haben. Den Blutfleck habe ich nie gefunden, aber der Schatten des Alten ist mir einmal begegnet – allerdings erst nach einer langen Nacht im Weinkeller. Ich habe es auch geschafft, bei einer Familienfeier im spyckerschen Keller meinen Nichten und Neffen die nächtliche Enthauptung so dramatisch zu schildern, dass sie sich heulend weigerten, am Abend auf ihre Zimmer zu gehen. Das brachte mir zwar anschließend einigen Ärger ein, aber auch eine erste Erfahrung von den Wirkungsmöglichkeiten dramatischen Erzählens.

Der historische Graf von Wrangel war schwedischer Feldmarschall im Dreißigjährigen Krieg und später Generalgouverneur von Pommern und Rügen. Für seine militärischen Verdienste bekam er von Königin Christina, Tochter von Gustav II. Adolf, die Herrschaft Spycker zum Lehen. Er ließ das alte Herrenhaus der Familie von Jasmund aufwendig umbauen und holte die bekannten Stuckateure Eriksson und Lohr aus Stockholm, um die Decken des Festsaals mit Szenen aus den vier Jahreszeiten auszuschmücken. Man muss sich aufs Parkett legen, um sie im Detail bewundern zu können. Aber auf Rügen wurde ja nicht nur im Barock bis zum Umfallen gefeiert.

Offenbar hat sich der alte Wrangel hier wohlgefühlt, denn er verbrachte nach dem Krieg die meiste Zeit am Spycker See. Wenn Sie das Schloss und seine Umgebung besuchen, werden Sie verstehen, warum. Karl X. Gustav übergab Wrangel später noch Ralswiek und die Grafschaft Streu, wodurch er 1658 zum größten Grundbesitzer der Insel wurde. Als der König im Herbst 1674 mit seinen Truppen in Brandenburg einfiel, wollte er auf Wrangels Erfahrungen als Feldherr nicht verzichten. Der Sechzigjährige marschierte gichtgeplagt mit dem schwedischen Heer bis nach Havelberg, wurde aber nach der Schlacht von Rathenow von der fliehenden Truppe getrennt und zog sich bald darauf wieder nach Rügen zurück. Diese Niederlage und sein Tod auf Spycker ein Jahr später führten dann zur Legende vom königlichen Todesurteil und dem mitternächtlichen Besuch des Henkers von Stralsund. In Wirklichkeit starb Wrangel im Beisein eines Arztes friedlich in seinem Himmelbett.

Der Alte von Spycker ist gleich zweimal in der deutschen Dramatik verewigt worden. In Schillers »Wallensteins Lager« taucht er als geheimer Emissär des schwedischen Königs auf, der Wallenstein zum Abfall vom Kaiser bewegen soll, und prägt dabei den Lieblingssatz aller Berufsdiplomaten: »Ich hab hier bloß ein Amt und keine Meinung.« In Kleists »Prinz Friedrich von Homburg« verführt Wrangels Rückzug den Prinzen gegen den Befehl seines Kurfürsten zum verfrühten Angriff, was den Konflikt zwischen Leidenschaft und Gehorsam auf die Bühne bringt und den fatalen Schlachtruf: »In Staub mit allen Feinden Brandenburgs!« Sollten Sie nach Spycker fahren, versäumen Sie nicht, einen Spaziergang zum See zu machen und auf den Tempelberg bei Bobbin zu steigen, von dem man den schönsten Blick auf das Schloss und über den Jasmunder Bodden hat. Und wenn Sie dem Schatten Wrangels begegnen wollen, mieten Sie sich auf Spycker ein und trinken Sie am Abend eine Flasche Rotspon im Weinkeller.

Der Dreißigjährige Krieg traf Rügen hart. Wallenstein, der für den Kaiser aufseiten der Katholischen Liga kämpfte, hatte nach der Niederlage seines dänischen Gegners Christian IV. die strategische Bedeutung der Insel für die protestantischen Skandinavier erkannt und sie als »besten Ort in Pommern« nach der Kapitulation von Franzburg sofort besetzen lassen. Die Einquartierung der kaiserlichen Truppen überforderte sowohl die Adelsgüter als auch die Pastoratshöfe und führte zu Hungerkatastrophe und Pest. Stralsund verweigerte die Aufnahme wallensteinscher Soldaten und so machte sich der »General des Baltischen und des Ozeanischen Meeres« im Juni 1628 höchstpersönlich auf, um die Stadt zu erobern. »Stralsund muss fallen, und wenn es mit Ketten an den Himmel geschlossen wäre!«, soll er ausgerufen haben. Da die Hansestadt aber sowohl von Dänemark als auch von Schweden mit Nahrungsmitteln, Waffen und Kämpfern versorgt wurde, erwiesen sich die Ketten als sturmfest. Als die Stralsunder wegen ausbleibenden Nachschubs eine Atempause brauchten, schickten sie eine Abordnung in sein Feldlager, um einen Waffenstillstand auszuhandeln. Wallenstein empfing die Stralsunder Bürger hochfahrend und ihre lakonischen Antworten werden noch heute kolportiert.

»Ihr müsst Geld geben!«, forderte der Generalissimus.

»Dat hebben wi nich«, antworteten die Stralsunder. »Ihr müsst meine Soldaten in eure Stadt lassen!«–»Dat daun wi nich.«–»Ihr seid allesamt verstockte Schelme!«–»Dat sünd wi nich.«

Daraufhin ließ der empörte Feldherr die Stadt am 3. Juli 1628 einen Tag und eine Nacht lang beschießen, und es wurde brenzlig. Aber dann setzte starker Regen ein und verwandelte Wallensteins Lager in ein Schlammloch. Als danach auch noch schwedische Kriegsschiffe im Sund auftauchten und die Kugel eines Stralsunder Scharfschützen sein Weinglas zerschlug, zog der Herzog fluchend ab.

Aber, wie man auf Rügen sagt, wat den een siehn Uhl is, is den annern sien Nachtigall. Wallensteins Obristen ließen ihre Wut an den schutzlosen Insulanern aus und verschonten weder Frauen noch Kinder. Selbst die ansonsten nicht gerade zartbesaitete Rügener Ritterschaft beklagte im Mai 1629 in einem Memorandum die erbärmliche Lage ihrer Untertanen: »Etliche haben selbst Gras gegessen, weil ihnen von den Soldaten kein Topf gelassen, darinnen sie es kochen können. Etliche haben das Gras gekochet, ist ihnen aber von denen auch Hunger leidenden Soldaten vor dem Mund weggerissen worden. Sie fressen auch Katzen und tote Pferde und Kinder haben ihrer verstorbenen Mutter die Brüste abgefressen.« Der kaiserliche Oberst von Götz prahlte nach drei Jahren Besatzung, er wolle jeder Kuh, die sich noch auf Rügen finden lasse, die Hörner vergolden. Ein späterer Rügener Chronist merkte dazu trocken an, dieser Schwur hätte den Herrn Oberst teuer zu stehen kommen können. Die Bauern von Wittow hätten auf dem Bug noch so manche Kuh versteckt, die selbst die fleischeslüsternen Suchtrupps nicht hatten finden können.

Als die kaiserlichen Truppen im Frühjahr 1629 endlich abrückten, kamen die Schweden und beanspruchten Pommern und die Inseln, die nach dem Tod des letzten Greifenherzogs Bogislaw XIV. vertraglich an Brandenburg fallen sollten. Gustav II. Adolf landete am 24. Juni 1630 auf dem Mönchguter Nordperd, sprach ein Gebet und erklärte sich zum Retter der evangelischen Christen. Dass es nach der Niederlage Dänemarks vor allem um die Vorherrschaft im Ostseeraum ging, musste nicht weiter ausposaunt werden. Allerdings strahlte der Stern des »Befreiers aus Mitternacht« nicht lange über den Schlachtfeldern der protestantischen Sache. Am 16. November 1632 fiel der Schwedenkönig in der Schlacht bei Lützen und hinterließ seine fünfjährige Tochter Christina als Thronfolgerin.

Die Verhandlungen zwischen den Brandenburgern und dem schwedischen Kanzler Axel Oxenstierna zogen sich von 1637 bis 1653 hin und machten das Leben für die Insulaner auch nicht leichter. Aber schließlich wurde Rügen schwedisch und kam unter die Herrschaft der Drei Kronen. Die Verbindungen zwischen Schweden und Rügen waren locker. Selbst die mit Gütern oder Herrschaften belehnten schwedischen Adligen ließen ihren neuen Besitz meist von Vögten verwalten, mit Ausnahme Wrangels, der auch den roten schwedischen Anstrich mit nach Spycker brachte. Zwar gab es ab 1683 eine Wasserpost-Verbindung mit einer Jacht von Stralsund über den Bug nach Ystadt, aber die Könige in Stockholm waren klug genug, nicht auf der Durchsetzung der schwedischen Gesetze zu bestehen und die Rechtsprechung der alten Landgebräuche weiter gelten zu lassen.

Infolge des Dreißigjährigen Krieges und der schwedisch-brandenburgischen Querelen verloren viele Adelsfamilien ihre Güter oder verkauften sie an den heraufkommenden Stralsunder Geldadel. So kam auch das 1314 zum ersten Mal erwähnte Gut Boldevitz der Familie von Rotermund 1762 in den Besitz Adolf Friedrich von Olthoffs, der schwedischer Münzdirektor zu Stralsund und ein passionierter Kunstfreund war. Olthoff lud den jungen Jakob Philipp Hackert, der sich mit seinem Freund Lavater auf einer Reise durch Pommern befand, nach Boldevitz ein.

Diesem Besuch verdankt das Herrenhaus seine »hackertschen Tapeten«, die zu den ersten Rügener Landschaftsdarstellungen des 18. Jahrhunderts zählen. Hackert malte auch Rügenlandschaften für Olthoffs Stadthaus in Stralsund und wurde 1786 Hofmaler des Königs von Neapel, wo Goethe bei ihm Zeichenstunden nahm und später sogar eine biografische Skizze verfasste. Die Tapeten von Boldevitz sind nach Olthoffs Bankrott auf Rügen geblieben und haben die vielfach wechselnden Herrschaften bis auf den heutigen Tag überstanden.

Das Herrenhaus zählt zu den schönsten der Insel und selbst zu DDR-Zeiten, als die LPG – die Landwirtschaftliche Produktionsgenossenschaft – hier einen Kultursaal eingerichtet hatte, zeigte meine Mutter es gern unseren Gästen. Weil sie in der Bergener Sparkasse in der Kreditabteilung arbeitete, fand sie überall offene Türen. Ich erinnere mich, wie seltsam die bröckelnde Stuckdecke des geteilten Festsaals mit dem roten Transparent kontrastierte, das in leuchtenden Buchstaben forderte: »Ob Regen, ob Sonnenschein, die Ernte muss doch herein!«

Heute können Sie durch den weitläufigen englischen Landschaftspark flanieren und dort Froschkonzerte genießen. Wenn es Ihnen gefällt und ein Zimmer frei ist, dürfen Sie ins Herrenhaus einziehen und die hackertschen Malereien bewundern. Und wenn es Ihnen sehr gut gefällt, können Sie in der kleinen Gutskapelle heiraten und im Hackert-Saal mit Champagner anstoßen.

Das Herrenhaus von Kartzitz bei Rappin gehörte seit 1318 der Familie von Usedom und beherbergte nach der Enteignung 1945 zunächst Flüchtlinge, später die LPG-Verwaltung. Nach 1990 erhielt ein Erbe der Familie von Schinckel den Besitz zurück, verkaufte ihn aber bald an Graf und Gräfin Knyphausen, deren Vorfahren früher das benachbarte Gut Pansevitz besessen hatten. Die barocke Gutsanlage mit ihrem weitläufigen Landschaftspark strahlt heute wieder eine klassische Eleganz aus, die zum Verweilen einlädt. Weitab vom Lärm der Bäder und Strände können Sie sich hier in die »Blaue Wohnung« einmieten, Tee trinken und Fontane lesen. Oder Sie machen ausgedehnte Spaziergänge zwischen den Banzelvitzer Bergen und dem Lebbiner Haken und sehen sich dabei die alten Bauern- und Fischerkaten an, die es dort immer noch gibt. Irgendwer musste schließlich all die architektonischen Kostspieligkeiten und botanischen Refugien erwirtschaften. Da meine Vorfahren selbst aus Katen und Baumhäusern kommen und zeit ihres Lebens darin gewohnt und gearbeitet haben, kenne ich die engen Stuben mit den niedrigen Decken und kleinen Fenstern noch aus meinen Kindertagen. Doch es geht mir nicht anders als meinen Hofmeister-Kollegen der Aufklärung: Es zieht mich in die Schlösser und Herrenhäuser, dorthin, wo es Bibliotheken und Musiksalons, Weinkeller und nächtliche Bälle unter strahlenden Kronleuchtern gab. Auf Rügen fällt mir oft dieser uralte Widerspruch ein, den Hugo von Hoffmannsthal auf den poetischen Punkt brachte:

»Manche freilich müssen drunten sterben
Wo die schwarzen Ruder der Schiffe streifen,
Andre wohnen bei dem Steuer droben,
Kennen Vogelflug und die Länder der Sterne.«

In Kartzitz will ich unseren Spaziergang durch das barocke und klassizistische Rügen vorerst beenden. Man braucht mindestens zwei Wochen, um alle Schlösser und Herrenhäuser der Insel zu besuchen. Sabine Bock und Thomas Helms haben einen Führer zu diesen stummen Zeugen Rügener Geschichte veröffentlicht, der Sie zu den abgelegensten Orten bringt. Nehmen Sie sich Zeit und hören Sie gut zu, die alten Gemäuer werden Ihnen erstaunliche Geschichten erzählen.

Bädervillen und Kraftkasernen

*»Je froher und furchtfreyer man ins Bad steiget,
desto besser.«*

Samuel Gottlieb Vogel, Allgemeine Baderegeln, 1798

Am Anfang der Mode, die Rügen für die nächsten 200 Jahre
zum »fashionablen« Reiseziel und berühmt machen sollte,
steht eine Rüganerin. Henriette Schleiermacher, die junge
Frau des Berliner Theologen Friedrich Schleiermacher,
hatte im August 1824 Heimweh und die unerhörte Idee, mit
ihren fünf Kindern einen Badeurlaub am Meer zu machen.
Ihr Mann hielt das für eine melancholische Laune, ihre
Verwandtschaft für meschugge. Hätte sie auch noch den
Wunsch geäußert, dabei in der Ostsee zu baden, hätte der
Dorfschulze sie wohl in den Stralsunder Narrenkasten brin-
gen lassen.

In Sassnitz gab es damals weder Fremdenzimmer noch
Hotels. Die mutige Henriette musste ihre eigenen Betten
mitbringen und damit in die gute Stube des Müllers zie-

hen. Ihre Briefe nach Berlin waren so schwärmerisch, dass der Gatte ihr nachreiste – und ebenfalls ins Schwärmen geriet. Das Schwärmen über die wilden Ufer zwischen Steinbach und Königsstuhl wurde bald Mode und so eröffneten nur wenige Jahre später die ersten Pensionen und rollten die ersten Badekarren an den Strand. Nachdem die aus der Mode kamen und die ersten Badegäste sich ohne Sichtblenden in die Fluten wagten, wurde der Strand eilends mit einem Bretterverschlag in Damen- und Herrenbad getrennt. Das Mitbringen von Ferngläsern und fotografischen Apparaten war streng verboten. Als zwei allein reisende Fräulein die badenden Herren vom Balkon ihres Hotels mit Operngläsern beobachteten und dabei erwischt wurden, mussten sie umgehend abreisen und Sassnitz hatte seinen Sommerskandal. Vom nackten Zeh bis zur hemmungslosen Freikörperkultur dauerte es dann noch knappe hundert Jahre. Aber der Reihe nach.

Obwohl sich meine Heimatstadt seit Henriettes Besuch als erstes Rügener Seebad annonciert, hieß der erste prominente Badeort Sagard. Hier wirkte seit 1783 der einfallsreiche Pastor Heinrich von Willich, der wegen der Größe seiner Gemeinde zu den vier »Kirchenfürsten« der Insel gehörte. Der Titel war prächtiger als die Einkünfte. Unweit von Kirche und Pfarrhaus liegt die idyllische Brunnenaue, durch die ein kleiner Bach fließt und an deren Hängen eine Quelle sprudelt. Moritz von Willich, des Pastors geschäftstüchtiger Bruder, praktizierte als Arzt und Landphysikus in Bergen und erkannte die Qualität des eisenhaltigen Quellwassers. Gemeinsam mit ein paar gleichgesinnten Naturfreunden eröffneten die Brüder im Frühjahr 1794 die »Brunnen-, Bade- und Vergnügungsanstalt zu Sagard«, in der es nicht nur ein Badehaus für warme und kalte Bäder, sondern auch eine Kegelbahn, Karusselle und einen Ballsaal mit Billardzimmer gab. Der Berliner Oberkonsistorialrat Johann Friedrich Zöllner besuchte Sagard 1795 und machte die »romantische Gegend mit silberreinen Bächen« zwei Jahre später in seiner »Reise durch Pommern nach der Insel Rügen« in ganz Preußen bekannt. Ernst Moritz Arndt kam mit Charlotte von Kathen, Christoph Wilhelm Hufeland, der Chef der Charité und Leibarzt des Königs, lobte die Quelle und die Luft, und Heinrich von Kleist besuchte von hier aus mit seiner Schwester Ulrike Königsstuhl und Herthasee.

Meine Großmutter wohnte in Sagard neben Kirche und Pfarrhaus und nur ein paar Schritte von der Brunnenaue entfernt. Die Badehäuser waren längst verschwunden, aber die Quelle sprudelte noch immer. Wir holten zu Ostern hier unser Osterwasser und achteten darauf, dabei kein Wort zu sprechen, weil das Wasser sonst seine wunderbare Wirkung verliert.

Der Bach war damals allerdings nicht mehr silberrein, sondern durch die Abwässer des nahe gelegenen Tagebaus kreideweiß, weswegen er bei uns »de Milchbäk« hieß. Heute plätschert er wieder hell und klar und die Sagarder haben aus der Brunnenaue ein grünes Idyll mit Pavillon und Parkbänken gemacht und sogar eine Tafel für Henriette von Willich und Friedrich Schleiermacher aufgestellt, die sich dort verlobt haben sollen. Man kann sich gut vorstellen, wie der illustre Freundeskreis des Pfarrhauses hier den Anfang für den Rügener Badebetrieb machte.

Doch schon bald genügte der silberne Bach den weitgereisten Besuchern nicht mehr. Die Wogen der Ostsee bewegten die romantische Sehnsucht heftiger. Die Sassnitzer Fischer werden nicht schlecht gestaunt haben, als die junge Henriette mit ihrer Kinderschar auf die Findlinge kletterte und den Segelschiffen nachsah. An den Strand oder gar ins Wasser zu gehen wäre den Fischern nicht im Traum eingefallen. Erstens ließ ihre Arbeit dafür keine Zeit, und zweitens konnte kaum einer von ihnen schwimmen. Dafür erkannten sie mit typisch seemännischem Weitblick, dass sich hier eine neue Verdienstmöglichkeit auftat. Um den Reisenden, die den Schleiermachers folgten, eigene Zimmer anbieten zu können, verkauften sie ein paar ihrer Äcker und bauten ihre Fischerhütten zu Pensionen um. Um 1857 hatte Sassnitz nur 158 Einwohner, aber schon 200 Badegäste. 30 Jahre später waren es 1037 Einwohner und 5500 Gäste. Ein neuer Erwerbszweig war aufgeblüht und begann Jahr für Jahr, und nur vom Ersten Weltkrieg unterbrochen, kräftig zu wachsen. Durch den Anschluss an das Eisenbahnnetz im Jahr 1883 und an die Fährverbindung nach Schweden 1909 konnten bald Besucher aus ganz Deutschland an die malerische Kreideküste reisen.

1867 machte Fürst Bismarck seinen Antrittsbesuch zu Putbus, ihm folgte 1890 Kaiserin Auguste Viktoria mit den Prinzen in Sassnitz und 1893 Kaiser Wilhelm II. höchstselbst auf seiner Jacht »Iduna«. Im Jahr 1900 kam der Kaiser noch einmal und bestieg mit seiner Entourage sogar den Königsstuhl, um die famose Aussicht zu loben. Diese allerhöchsten Besuche waren es, die Sassnitz mondän machten und Theodor Fontane veranlassten, den Baron von Instetten seiner jungen Frau Effi, geborene Briest, zu erklären: »Nach Rügen reisen heißt, nach Sassnitz reisen!« Darauf sind wir Sassnitzer noch heute stolz, auch weil nach 1900 die Konkurrenz von Binz begann, dessen Sandstrände nie ein deutscher Dichter besungen hat.

Dass sich Binz, Sellin, Baabe und sogar die Insel Hiddensee heute offiziell Seebäder nennen dürfen, kommentieren wir nur mit einem Schulterzucken. Denn wer zum Königsstuhl oder auf Europas längste Außenmole will, der muss nach Sassnitz kommen. Außerdem haben wir die schönste Altstadt der Insel mit Zugang zum berühmtesten Hochuferweg, aber davon später.

Der Grund, warum Binz Sassnitz als Modebad ablöste, lag nicht nur an dem feinen Sandstrand, aus dem sich die beliebten Strandburgen bauen und kaisertreu beflaggen ließen. Auch die Erfindung des Strandkorbs, den der Korbmacher Nikolaus Freese 1871 in einem Musterbuch entwarf, spielte eine Rolle, denn darin konnte man nun den ganzen Tag am Strand verbringen, Romane lesen und die vorbeiflanierenden Badegäste ganz ohne Fernglas betrachten. Da konnte der Sassnitzer Feuersteinstrand trotz Fossilien und Hühnergöttern nicht mithalten. Man wollte nicht mehr halsbrecherisch in die Ostsee balancieren, sondern sich in die Wellen stürzen, ohne anschließend von der Brandung gegen Findlinge oder Reusenpfosten geschleudert zu werden. So schossen an der Küste zwischen Binz und Thiessow neue Hotels, Pensionen und Gasthäuser aus dem Boden, eines weißer als das andere und mit treudeutschen Namen wie Hotel »Kaiserhof« oder Gasthaus »Hindenburg«.

Was heute als Rügener Bäderarchitektur zusammengefasst wird, ist in Wirklichkeit ein wildes Durcheinander aller möglichen Baustile. Vom neogotischen Schlösschen bis zu stucküberladenen Gründerzeitvillen findet man auf den Strandpromenaden von Binz, Sellin und Göhren fast alles, was die Phantasie und der Geldbeutel der Bauherren hergaben. Am bekanntesten sind die nach 1900 entstandenen Pensionshäuser, deren weiße Fassaden offene Balkone und Veranden schmücken. Die meisten sind mit Laubsägekunst verziert und auf so romantische Namen wie Villa »Undine« oder Pension »Meeresgruß« getauft.

In meiner Kindheit waren viele der alten Inschriften schon verblasst und die Hotels zu Wohnungen umgebaut. Ich fragte mich, was früher wohl für rauschende Feste im Sassnitzer »Schloss Hotel am Meer« stattfanden. 20 Jahre später arbeitete ich dort im Atelier einer Freundin, das den schönsten Ostseeblick der Altstadt hatte, und hörte nachts leise Ballmusik und das Rauschen der Seidenroben auf dem Parkett, während ich an einer Theaterfassung von »Effi Briest« schrieb.

Investitionen in das Rügener Immobiliengeschäft galten schon damals als sichere Bank und das Mantra der Börse vom ewigen Wachstum gehörte zu den Glaubensartikeln der Stadtväter und Aktionäre. Wenn es ausblieb, kam der Gerichtsvollzieher. Während die Fischer mit ihren kleinen Pensionen Gründerkrach und Wirtschaftskrisen meist unbeschadet abwettern konnten, mussten die großen Hotels immer mal wieder Bankrott anmelden. Auch davon will heute niemand etwas hören, und so wird weitergebaut, obwohl die Bettenzahlen längst die Nachfrage übersteigen. Sparfüchse können sich in der Nachsaison über erstaunliche Rabatte freuen, und wer ausdauernd durch die Internetseiten der Reiseanbieter surft, der findet im Frühjahr und auch im Spätsommer günstige Angebote. Leider hat dieser Bauwahn viele Besucher, die wegen der unberührten Natur gekommen sind, zu stilleren Stränden vertrieben.

Das heißt nicht, dass es keine Orte mehr gibt, an denen man dem Halligalli der Eventmanager nicht entkommen kann. Nur muss man sie heute etwas länger suchen.

Mit der Weimarer Republik kam die Moderne nach Rügen. Nachdem das 1890 errichtete Binzer »Kurhaus« ausgerechnet am 1. Mai 1906 abgebrannt und die beliebte Seebrücke im Sommer 1912 unter den Besuchermassen eingestürzt war, setzte nach dem Ersten Weltkrieg ein Bauboom ein, 1925 brachte er 27 000 Badegäste nach Binz. Das neue »Kurhaus« wurde zum Wahrzeichen des Ostseebades und wegen seines Casinos, des Varietés und der Kakadu-Bar bei den Reichen und Schönen der Republik zum beliebten Laufsteg. Man kam inzwischen nicht mehr nur per Bahn und Schiff, sondern auch im eigenen Benz oder mit dem Wasserflugzeug nach Rügen. Joseph Roth schrieb über diese

Zeit in einer Reportage über seine Ostseereise: »Die Bäder Rügens sind genauso europäisch wie jene an der Küste des Kontinents. Sie haben Elektrizität, Gas, Wasserleitung, Telephon, Friseure, Bäder, Hotels. Man kann sich rasieren lassen, ein Telegramm aufgeben, eine Kapelle hören – und dennoch eine einsame Wanderung durch verzauberte Gegenden unternehmen und einem Fischer begegnen, der aus einem Märchenbuch gestiegen ist. Ja, in Binz, dem größten der Rügenschen Bäder, ist es sogar sehr schwer, einer Jazzband zu entgehen.«

Die PR-Poeten von damals priesen Sassnitz als das »Sorrent des Nordens« und Binz als »Nizza des Ostens«. Das war für die Nazis, die auf Rügen schon gegen Ende der Zwanzigerjahre wachsende Wählerzahlen verzeichnen konnten, höchst undeutsche Reklame. 1933 sahen sie ihre Stunde gekommen, um die Rügener Bäder »judenfrei« zu machen und die Hotels und Pensionen in jüdischem Besitz zu »arisieren«. Mithilfe der »Deutschen Arbeitsfront«, die die Gewerkschaften zerschlagen und deren Vermögen eingezogen hatte, planten sie eine gigantische Badewanne für ihr Tausendjähriges Reich. In unmittelbarer Nachbarschaft des ungeliebten Binz sollte ab 1935 an einem sieben Kilometer langen Küstenstreifen zwischen Prora und Mukran das größte Seebad der Welt entstehen und sonnenhungrigen Volksgenossen »Kraft durch Freude« spenden. Der Plan, den der Kölner Architekt Clemens Klotz dazu vorlegte, ging auf einen Entwurf einer »Bandstadt« von Le Corbusier aus dem Jahr 1930 zurück, eine Art Vorläufer der sozialistischen Neubauplatte in Endlosschleife. Aus jedem der 10 000 Zimmer in dem fünf Kilometer langen Bauwerk sollte ein Meerblick zu zweit möglich sein. Hitler und Speer waren begeistert, wahrscheinlich, weil sie den eigentlichen Urheber nicht kannten. Sogar die Jury auf der Pariser Weltausstellung von

1937 war begeistert, wahrscheinlich, weil sie um den Urheber wusste. Noch im gleichen Jahr wurde der Küstenwald abgeholzt und mit dem Bau einer Eisenbahnverbindung von Lietzow nach Binz begonnen. Mehr als 2000 Bauarbeiter kamen auf die Insel, um den »Koloss von Prora« aus dem Ostseesand zu stampfen. Doch mit dem Kriegsausbruch 1939 wurden Arbeitskräfte und Material knapp. Sie konnten auch nicht durch polnische Kriegsgefangene ersetzt werden, die man zur Zwangsarbeit nach Rügen schickte. Im Herbst 1939 tauchte ein ranghoher Mitarbeiter der Organisation Todt auf und erklärte den verdutzten Bauleitern: »So, meine Herren, jetzt ist hier erst mal Feierabend! Der Sieg ist ja schnell erreicht, und dann machen wir weiter.« Ab 1943 mussten sowjetische Kriegsgefangene die bereits errichteten Bettenburgen zu Lazaretträumen für die Überlebenden der Luftangriffe auf Hamburg umbauen. Nach 1945 nutzte die Rote Armee Prora als Internierungslager und zu Sprengübungen und übergab das Objekt 1953 an die kasernierte Volkspolizei. Als daraus 1956 die Nationale Volksarmee der DDR hervorging, streute die Armeeführung die Legende, Prora besäße einen unterirdischen U-Boot-Hafen, um so etwaigen Ansprüchen der Gewerkschaften zuvorzukommen. Das Gerücht hielt sich bis in meine Kindertage, ebenso wie jenes, dass in der Offiziersschule des Objekts afrikanische Offiziersschüler für den Befreiungskampf ausgebildet würden. Das stimmte allerdings, ebenso wie die Gerüchte über die schlechte Behandlung der Bausoldaten, die in Prora beim Kasernenbau eingesetzt waren, weil sie den Dienst an der Waffe verweigert hatten. Der Historiker Stefan Wolter kämpft seit der Wende mit dem Verein »DenkMAL Prora« gegen das Vergessen dieses unrühmlichen Kapitels.

Heute wird der Klotz-Koloss touristisch als »KdF-Bad Prora« vermarktet, obwohl die Urlaubsmaschine der Nazis nie in Betrieb gegangen ist. Nach der Wende versuchte die Bundesvermögensverwaltung die Problemimmobilie mit großen Anzeigen in den USA und China zu verkaufen, aber selbst den Genossen in Peking war diese Baustelle zu groß. Zwischen 1993 und 2010 bevölkerte ein buntes Durcheinander von Jugendherbergen, Nostalgiemuseen, Künstlerwerkstätten und sogar ein Wiener Café die Blocks von Prora. Seit dem Jahr 2000 kann man sich im Dokumentationszentrum Prora über die wechselvolle Geschichte der »Paradiesruinen« informieren. Der Historiker Jürgen Rostock hat ein aufschlussreiches Buch über ihre Entstehung geschrieben.

Ab und an versucht das Land Mecklenburg-Vorpommern, die Gespenster der Vergangenheit mit internationalen Sommerpartys zu vertreiben. Ihnen verdankt die zerfallende Kaimauer eine Reihe bunter Graffitti, von denen eines fordert: »Her mit dem schönen Leben!« In Prora liest sich das heute wie ein Spruch aus jenen Zeiten, in denen das Wünschen noch geholfen hat. 2010 hat eine Investorengruppe mit Planungen zu einem Komplex aus Ferien- und Eigentumswohnungen samt Marina und Tennisplätzen begonnen. Sicherheitshalber baute man in alle Verträge eine Klausel ein, in der die möglichen Käufer erklären müssen, dass sie weder der rechtsextremen Szene angehören noch in deren Auftrag kaufen. So soll verhindert werden, dass Prora doch noch zu einer braunen Badewanne wird. Bevor die Bauarbeiten für das Benidorm bei Binz beginnen, sollten Sie »das längste Haus Europas« noch besuchen. Am frühen Morgen und in der Nachsaison ist der Strand oft menschenleer und Sie haben ein Gefühl von Freiheit und Weite wie einst Henriette Schleiermacher in Sassnitz.

Rügener Küche gestern und heute

»Äten un Drinken höllt Lief un Seel tausammen.«

Rügener Küchensprichwort

Kulinarisch galten Rügen und Hiddensee lange als Schnaps-
und Pökel-Ödnis, und bei Feinschmeckern und Bioköstlern
hat sich dieser Ruf bis heute gehalten. Auch das hat eine
lange Vorgeschichte.

Die steinzeitlichen Jäger und Sammler erlegten Mammuts,
Rentiere und Wildschweine und kauten ein paar Wurzeln
dazu. Erst ab der Mittelsteinzeit legten sie ab und an einen
Fischtag ein und garnierten ihren Fang mit Pilzen und Bee-
ren. Die Ackerbauern und Viehzüchter bauten Pferdeboh-
nen und Gerste an und züchteten aus dem wilden Ur die
ersten Rinder. In der Bronzezeit kamen Rüben und Möhren dazu und Roggenbrot wurde auf heißen Steinen geba-
cken. Die Ranen begannen mit der Waldbienenzucht und
brauten aus dem mit Gerste versetzten Honig ihren Met. Der
wurde keineswegs nur dem Svantevit geopfert, sondern zu

jeder sich bietenden Gelegenheit aus vollen Hörnern gebechert. Offenbar bis in Minnesänger Wizlavs Zeiten, denn der feierte diesen Brauch in einem seiner Lieder: »Beer und Mede, gode Win,/Rinder, Gose, feiste Swien!« (»Bier und Met, guter Wein,/Rinder, Gänse, feistes Schwein!«). Das waren die Höhepunkte eines herkömmlichen Mittelaltermenüs, das – wie überall zu dieser Zeit – gar nicht üppig genug ausfallen konnte. Der Camminer Bischof Marinus de Fregeno, ein Italiener aus Parma, machte sich um 1480 über die hemmungslose Fressgier der Rüganer lustig und reimte:

> *»Will es dir nicht gelingen,*
> *sieben Mahlzeiten zu schlingen,*
> *samt einen Käse Zentnergewichts,*
> *dann giltst du, Freund, auf Rügen nichts.«*

Doch nicht nur der Adel prasste gern. Auch die geistlichen Herren futterten hemmungslos, wie der Speiseplan einer Synode von 1692 ausweist, auf der die anwesenden Rügener Pastoren und Küster einen Ochsen, vier Hammel, fünfzig Hühner, acht Gänse und ein Spanferkel verputzten und mit Bier für 80 Mark und 48 Ankern französischem Branntwein hinunterspülten. Ein Rostocker Anker wurde damals mit zehn Stübchen berechnet, ein Stübchen entsprach zwei Kannen, die Kanne zu zwei Pot, was etwa 180 Zentiliter bedeutete. Die 70 Herren versoffen also in einer Woche etwa 170 Liter Branntwein, also gut zweieinhalb Liter Schnaps pro Gottesmann. Das wurde erst wieder von den Forderungen des Herzogs von Holstein übertroffen, der im Dreißigjährigen Krieg für sich und seine Besatzungstruppen täglich so viel Proviant forderte, wie die Synode für eine Woche gebraucht hatte. Johann Friedrich Zöllner schreibt in seiner »Reise durch Pommern nach Rügen in dreiundzwanzig Briefen« aus dem Jahr 1795, ein rügensches Frühstück bestehe aus »geräuchertem Aal, Schinken, Pökelfleisch, Wurst, Zunge in Portwein und Lebenswasser«, womit Koem oder Branntwein gemeint sein dürften. Wir sollten aber nicht vergessen, dass die Fischer, die Zöllner zu diesem Frühstück einluden, wahrscheinlich schon einen nächtlichen Fischzug auf See hinter sich hatten und dem Herrn Pfarrer aus Berlin etwas Gutes tun wollten.

Das wusste auch Johann Jacob Grümbke, der in seinen »Streifzügen durch das Rügenland« von 1805 anmerkt, ein Rügener Bauernknecht esse zwar doppelt so viel wie ein sächsischer, müsse dafür aber auch doppelt so viel arbeiten. Und Ernst Moritz Arndt schwärmt in seinen Erinnerungen von 1840: »Es war damals überhaupt eine große, allgemeine Gastlichkeit auf der Insel, die wohl noch besteht. Umstände wurden nicht viele gemacht. Fische, Gefieder, Geräuchertes und Gesalzenes fehlten fast nirgends, Zucker, Kaffee und Tee waren in dem fast gar nicht bezollten Lande wohlfeil. Bier und Branntwein fehlten nimmer, selten auch ein Glas Wein, immer aber war die ungeschminkte Gastlichkeit und Herzigkeit da.« Das habe ich auf den Geburtstagen, Hochzeiten und Hochzeitsjubiläen, ja selbst auf den Totenfeiern unserer Familie in aller Herzigkeit erlebt. Denn wenn sich die Tische nicht bogen und die Gäste beim Abschied nicht schwankten, dann war was falschgelaufen. Ich begriff erst später, dass der Generation meiner Großeltern und auch meiner Eltern noch der Nachkriegshunger im Bauch steckte und es außer einem guten Essen und einem noch besseren Schluck wenig Vergnügliches gab – von anderen körperlichen Vergnügen einmal abgesehen. Aber darüber sprach man bei Tisch nicht, und wenn, dann in Andeutungen, die ich damals noch nicht verstand. Dafür verstand ich die Sprichwörter, mit denen sich meine Verwandten bei diesen Gelagen aufzogen: »Ät un drink und schon de Bodder!« (»Iss und trink und schon die Butter!«). An der Zahl der Ess- und Trinksprüche im Plattdeutschen kann man die Beliebtheit dieses Themas ablesen.

Natürlich hatte auch in der Vergangenheit jede Inselregion ihre Spezialitäten. So war Wittow schon immer für seinen Kohl bekannt, weswegen dort auch heute noch die Wittower Kohlwochen gefeiert werden. Zum Kohl gehörte Fisch. Einer der ältesten Heringshandelsplätze unterhalb des Kap Arkona heißt deshalb Vitt und dort steht noch heute am Strand eine Räucherei, in der Sie frisch geräucherte Aale, Flundern und Sprotten verspeisen können. Hier wurde schon im Mittelalter der Hering gekehlt, gekütet (ausgenommen) und in Fässern eingesalzen. Geräucherter Hering heißt Bückling und die Wittower benutzen zum Räuchern Buchenholz und ein paar Wacholderzweige. Salzhering und Räucherhering gehörten nicht nur auf dem Windland zum Hauptnahrungsmittel und wurde zu allem und jedem gegessen, am liebsten aber zu frischen Pellkartoffeln mit Quark. Die Wittower Fischer landeten auch Dorsch und Flundern an und behaupten noch heute, der Dorsch schmecke am besten in den Monaten mit einem »R« und die Flunder in denen ohne. Aber das sollten Sie am besten selber ausprobieren. Steinbutt kam zu Pfingsten als Leckerbissen auf den Tisch, der Hecht war der Hochzeitsfisch und Karpfen gab es zu Silvester.

Auch auf Jasmund spielte Fisch in den Küchen die erste Geige. In den Reisebeschreibungen von Carl Gustav Carus, Caspar David Friedrich und Ernst Boll finden sich Spickaal und Spickflundern auf dem Frühstückstisch. Johann Friedrich Rellstab berichtet 1795 in seiner »Ausflucht nach der Insel Rügen« von einer ungewöhnlichen Menüfolge: »Den Anfang macht ein starker Schnaps, welchen auch selten eine Dame, vom vierzehnten Jahr an gerechnet, ausschlägt. Alsdenn folgen acht bis zwölf Assietten (Schüsseln) von eingesalzenem und geräuchertem Fisch mancher Art, auch wohl

Eyer und ähnliche Dinge. Dies nannte man den Appetit machenden Anbiß. Alsdenn erst folget die Suppe, der die übrigen Gerichte in gewöhnlicher Ordnung folgen.« Auch nicht gerade eine Diät zum Abnehmen.

Nachdem sich Sassnitz vom Fischerdorf zum Seebad gewandelt hatte, gab es in vielen Hotels und Pensionen auch die Menüs der gehobenen Küche, nachzulesen in den überlieferten Speisekarten: Französische Zwiebelsuppen und Seezungenfilets in Weißweinsoße, Rehrücken und Hirschmedaillons, Hummer und Kaviar sowie Weine und Champagner von Hoflieferanten aus Schwerin und Stettin.

Die Mönchguter Küche unterschied sich durch ausgefallene Gerichte, die es ansonsten nirgendwo auf Rügen gab, die aber heute kaum noch zu finden sind: Kirschsuppe mit Klößen und Speck oder Brotsuppe mit Birnenkompott. Weil die Mönchguter so viel auf See unterwegs waren, wurden zweimal die Woche Suppen oder Eintöpfe gekocht und an den restlichen Tagen nur noch aufgewärmt: »De drütte Supp is de best!« An Festtagen gab es auf Mönchgut Eierkuchen mit Backpflaumen und Räucherschinken vom Selbstgeschlachteten – mit einem Schluck Selbstgebrannten, selbstverständlich.

Das Muttland, also der Inselkern, heißt ja nach der »Mutt«, also dem Mutterschwein, ist aber vor allem für seine Gänse und Enten bekannt. Gewöhnungsbedürftig ist das »Swartsuer«, ein Schwarzsauer aus Gänse- oder Entenblut, Backobst, Pfefferkuchen und Zitronensaft. Auch der »Apfelgriebsch«, ein Apfelgriebenschmalz, und die »Tollatschen« aus Schweineblut, Semmelmehl und Schmalz wurden bei uns zum Schlachtfest bereitet und haben immer hervorragend geschmeckt. Heute finden sie sich leider auf keiner Speisekarte mehr. Wie die Gerichte der Mönchguter Küche finden Sie diese Rezepte in Frieda Ritzerows »Mecklenburgischem Kochbuch« und in Dieter Kraatz'»Köstlichkeiten einer Inselküche«, die Sie allerdings erst antiquarisch ausfindig machen müssen. Gar nicht so einfach, ursprüngliche rügensche Küche am eigenen Herd auszuprobieren.

Das Essen meiner Großmütter und Großtanten war reichlich, aber nicht gerade abwechslungsreich. »Wat de Buer nich kennt, dat frett hei nicht« – das blieb auch nach Kriegsende die Rügener Küchenregel. Was der Insulaner nicht kannte, kam nicht auf den Tisch. Beliebt dagegen waren bei uns Suppen und Eintöpfe: Aalsuppe mit Klößen, Kartoffelsuppe mit Knackern, Erbsensuppe mit Kassler und Wrukeneintopf mit Thymian. Dorsch wurde mit Petersilienwurzeln und Möhren gekocht oder in Butter gebraten, Salzhering mit Speckbohnen oder in Apfelrahm serviert und Hornfisch, der Aal des kleinen Mannes, schwamm oft in einer schweren Senfsoße. Begehrt waren und sind noch immer Räucheraale, die zu DDR-Zeiten sogar als zweites Zahlungsmittel fungierten. Räucherflundern und Sprotten schmecken besonders gut zu Störtebeker-Bier aus Stralsund. Zu den Klassikern vom Bauernhof gehören Schweinebacke mit Grünkohl, Rindfleisch mit Backpflaumen, Kloppschinken und geräucherte Gänsebrust. Und zum Nachtisch gibt es auch heute noch Rote Grütze, Grießpudding und Götterspeise mit Preiselbeeren.

So sah die klassische Rügener Küche meiner Kindheit aus. Aber manchmal kamen auch exotische Gerichte auf den Tisch. Meine Mutter studierte im Urlaub aufmerksam die Hotelmenüs und überraschte unsere Gäste gern mit ausgefallenen Speisen. Dabei half ihr das Angebot des sowjetischen Garnisonsladens, der im Volksmund »Russen-Magazin« hieß und meistens wegen seines Stolitschnaja-Wodkas aufgesucht wurde. Er hatte aber auch Kaviar und Eismeerkrabben im Angebot, aus denen meine Mutter mithilfe von Ananas aus der Dose und selbst gemixten Soßen köstliche Meeresfrüchtecocktails zauberte. Für unsere Verwandtschaft waren das bloß »Seewürmer in Majoneese«, aber meine Mutter ließ sich nicht beirren und verarbeitete auch Kaisergranat und Taschenkrebse, die mein Vater als tiefgefrorenen Beifang für seine Trophäensammlung mit nach Hause gebracht hatte.

Als ich eines Tages aus der Schule kam, lag ein kleiner Dornhai auf unserem Küchentisch. Mein Vater hatte ihn in einem Plastikfass am Leben gehalten und briet uns Haifischsteaks, die allerdings ein bisschen streng schmeckten. Immerhin konnte ich danach behaupten, Hai gegessen zu haben, und war auf den Geschmack fürs Exotische gekommen.

Im Herbst 1978 musste ich auf der Heimreise von der SAS »Vikingbank« auf einen anderen Kutter umsteigen, weil dessen Maschinist erkrankt und ausgeflogen worden war, und dort traf ich auf einen Koch, der an seinem Herd beinahe so experimentierfreudig war wie meine Mutter. Der Kapitän und seine Besatzung hielten allerdings wenig von seinen kulinarischen Phantasien und bestanden auf ihren Koteletts mit Spiegelei. Umso erfreuter war er, dass ich sein Interesse am Geschmack fremder Meeresfrüchte teilte, und wir begannen, aus dem Beifang Garnelen, Tintenfische und Muscheln herauszuklauben. Der Kapitän beobachtete uns misstrauisch und knurrte: »Dat ihr mir dat Kroppzeuch ja nich in unsere Pötte klart!« Aber da es in der Kombüse nur eine begrenzte Anzahl an Töpfen gab, blieb uns nichts weiter übrig. Wir warteten, bis der Alte in seine Kammer gegangen war und der Steuermann Ruderwache hatte, bevor wir unsere Nordsee-Bouillabaisse ansetzten. Bald schon zog ein unbekannter Duft durchs Schiff, der auch den Kapitän aus seiner Koje lockte. Er kam in die Kombüse gestürmt, stieß den Deckel vom Topf, und als er sah, was da vor sich hin köchelte, riss er das Schott auf und warf den Topf samt Inhalt in hohem Bogen in die nächtliche See. Der Koch hat sich dann später gerächt, indem er dem Alten fein gehackten Tintenfisch unter sein Hühnerfrikassee mischte.

Ich musste bis zu meiner ersten Reise nach Boston warten, bis ich im »Legal Seafoods« so eine Köstlichkeit für teuer Geld auf den Teller bekam.

Die Abneigung gegen das Unbekannte hat nach 1989 in den Küchen der Insel langsam nachgelassen.

Da inzwischen auch Griechen, Italiener und China-Restaurants ihren Weg nach Rügen gefunden haben, gibt es heute mehr als nur »Tüffeln mit Hering un Speck«. Das »Rügener Kochbuch« von Mirko Liencke und Steffen Leistert verrät neben Inselklassikern auch Rezepte für Chutneys, Carpaccios und Risottos, die bestens zu frischem Rügener Fisch passen. In ihrem Gasthof »Zur Linde« in Middelhagen, einem der ältesten auf Rügen, kann man viele dieser alten und neuen Gerichte ausprobieren.

Das führt mich zu der heiklen Frage, zu welcher Küche ich Ihnen nun auf Rügen raten soll? Heikel deshalb, weil die meisten Hotels und Restaurants mit Saisonkräften arbeiten und viele Köchinnen und Köche nicht in jedem Sommer auf die Inseln zurückkommen. Da kann man sich mit einer Empfehlung vom letzten Jahr ganz schnell auf den heißen Herd setzen. Deshalb empfehle ich Ihnen im Anschluss ein paar Gaststätten, die allein wegen ihrer Lage und Einrichtung einen Besuch wert sind und die mich in den letzten Jahren selten enttäuscht haben. Aber wenn Sie ganz auf Nummer sicher gehen wollen, dann holen Sie sich Ihren Fisch am besten vom Fischer und Ihr Fleisch und Gemüse vom Bauernhof und kochen selber.

Rund um Rügen

»Das Baden war am schönsten in Lauterbach. Das beste Gasthaus war in Wiek. Am elendsten war ich in Göhren. Der billigste Ort war Thiessow. Der teuerste war Stubbenkammer. Der allerschönste Platz war Hiddensee.«

Elizabeth von Arnim, Elizabeth auf Rügen, 1904

Nach 70 Millionen Jahren Geschichte wird es nun langsam Zeit für Rügens Gegenwart und seine Sehenswürdigkeiten, solange sie noch zu sehen sind. Denn nicht nur Wind und Wetter arbeiten an ihrem Verschwinden, sondern auch die Stralsunder Berg- und Straßenämter und die Tourismus-branche, die sich immer neue Absonderlichkeiten einfallen lässt, um die Insel vom Naturparadies zur Spaßbädermeile herunterzuwirtschaften.

Ich möchte Sie deshalb auf eine Rundreise einladen, die uns vom Kap Arkona im Norden bis zur Südspitze von Zudar führen wird. Von den klassischen Reisezielen bis zu versteckten Buchten, wo es nichts zu sehen gibt außer Wasser, Wolken und Windflüchter.

Halbinsel Wittow

Das Windland im hohen Norden. Sein Name stammt angeblich aus dem Plattdeutschen: »Witte Au«, was weiße oder fruchtbare Aue heißt und auf seine ertragreichen Kohl- und Weizenfelder hinweisen soll. Andere Etymologen leiten es von Sankt Veit ab, den die Missionare zum Schutzheiligen des Windlands machten. Höchster Punkt in der Landschaft ist das Kap Arkona im Nordosten mit 46 Metern über dem Meeresspiegel, von wo Wittow dann langsam nach Südwesten bis auf zwei Meter über null bei Juliusruh abfällt. Bis auf den Bug ist die Halbinsel fast waldlos, weswegen der Wind hier besonders »steif« über die Straßen pfeift. Früher war Wittow noch eine richtige Insel, bis die Nehrung der Schaabe es langsam an Jasmund festgemacht hat. Da liegt es nun zwischen Tromper Wiek und Rassower Strom und gehört zu Rügen. Das Gefühl »Över de stillen Straaten« zu fahren, wie es in einem Volkslied heißt, stellt sich hier besonders intensiv ein. Zumal es auch noch ein paar Alleen und Feldwege gibt, die noch nicht asphaltiert sind. Ein Paradies für Radfahrer, Romantiker und Spurensucher.

Im Mittelalter war Wittow fürstliches Hasengehege und den Bauern und Fischern jedwede Jagd untersagt. Sie mussten sogar ihren Hunden eine Vorderpfote abhacken, weil die sich um fürstliche Jagdgesetze nicht scherten. Deswegen sollen die Hunde auf Wittow besonders misstrauisch sein, sehen Sie sich also vor.

Bis ins 18. Jahrhundert war Wittow mit vier »Vitten« das Zentrum der Rügener Heringsfischerei. Noch heute kommen die Touristen wegen Räucherfisch und Grünkohl. Wer die Mentalität der alten Wittower verstehen will, dem sei Hans Falladas Roman »Wir hatten mal ein Kind« zur Lektüre empfohlen. »Wasser und Wind, ein unbeständiger, meist grauer Himmel, endlose rauhe Winter und spätes Frühjahr, schwieriger Ackerbau und von Schiffbruch bedrohte Seefahrt haben die Bewohner dieser Halbinsel wortkarg und rau, aber auch derben Späßen und lautem Gelächter geneigt gemacht«, schreibt er über die Erfahrungen, die er als Rechnungsführer auf Gut Gudderitz sammelte. Nach Erscheinen des Romans durfte sich Fallada auf Wittow nicht mehr blicken lassen und eine adlige Dame, die sich in einer der skurrilen Figuren wiederzuerkennen glaubte, nahm Gift. Die Einwohner nehmen gegen die Widrigkeiten von Welt und Wetter einen Klaren und im Winter heißen Grog.

Kap Arkona

Die bewegte Geschichte des Kaps haben Sie schon im Burgwall-Kapitel kennengelernt, aber mit Svantevits Sturz zog noch keine Ruhe um die Jaromarsburg ein. Das Kap ist den Nordoststürmen und der Brandung ausgesetzt und die Untiefen vor Arkona sind schon vielen Schiffen zum Verhängnis geworden. Deshalb beschloss der preußische Staat 1826, die alte Feuerbake durch einen neuen Leuchtturm nach Entwürfen von Karl Friedrich Schinkel zu ersetzen. Schon drei Jahre später strahlte ein Leuchtfeuer aus 17 Rüböl-Lampen acht Seemeilen weit über die Ostsee. Der Turm versah seinen Dienst 75 Jahre lang, dann schickte man ihn in Pension und errichtete in seiner Nachbarschaft einen 35 Meter hohen Nachfolger mit elektrischem Leuchtfeuer. Schinkels klassizistischer Backsteinbau beherbergt heute eine Ausstellung zur Geschichte der Leuchttürme und ein Standesamt. Wer sich hier trauen lässt, kann das Feuer seiner Leidenschaft in Form einer Kachel für alle Zeit in die Erde Arkonas versenken. Sollte es nicht so lange lodern wie das

Feuer des Turms, kostet die Entfernung extra. Im Marine-peilturm können Sie Ihrer Liebsten oder Ihrem Liebsten einen edel eingefassten Bernstein aus der Sonnenschmuck-Werkstatt von Nils Peters schenken. Wofür und wogegen der gut tut, wissen Sie ja bereits. Falls Sie militärhistorisch unterwegs sind, sollten Sie auch den Marineführungsbun-ker der Vereinten Ostseeflotte der Volksmarine der DDR besichtigen. Der ehemalige Wehrmachtsbunker nebenan beherbergt eine unterirdische Kunstgalerie. Bei Sonnen-schein empfehle ich einen Spaziergang am Hochufer bis zum Fischerdorf Vitt, das zumindest so sehenswert ist wie das Kap. Arkona ist übrigens nicht, wie manchmal behauptet wird, der nördlichste Punkt von Rügen. Das ist der Gellort, doch da gibt es außer dem »Siebenschneiderstein« nicht viel zu sehen. Es sei denn, Sie suchen Ruhe oder Hühnergötter.

Vitt

Für mich ist Vitt eines der malerischsten Dörfer der Insel und liegt in einer Liete, einer Uferschlucht, unterhalb Arko-nas. Es war bis ins 18. Jahrhundert als »De grote Vitt« einer der wichtigsten Heringshandelsplätze Rügens. Berühmt wurde es durch seine Uferkapelle, die der Pastor und Poet Gotthard Ludwig Kosegarten 1806 in Auftrag gab, damit die Fischer in der Heringssaison nicht den weiten Weg bis nach Altenkirchen hatten. Bei gutem Wetter hielt Kose-garten seine Predigten am Ufer ab, und zwar so, dass die Gemeinde die Ostsee im Auge behielt. Tauchte ein silbriges Blinken in der Bucht auf, dann ertönte der Ruf: »De Hier-ing stümt!«, und alles stürzte zu den Booten, noch bevor Kosegarten seinen Segen losgeworden war. Ursprünglich schmückten den achteckigen Feldsteinbau nur ein Sand-steinaltar und die Kopie von Philipp Otto Runges Gemälde »Petrus auf dem Meer«, das der Maler eigens für die Kapelle geschaffen hatte. Das war einem kunstbeflissenen Gottesmann nach der Wende zu wenig. Er ließ die weißverputzte Ostwand von dem italienischen Maler Gabriele Mucchi mit einer bunt bewegten Christopherus-Szene ausmalen, die in die schlichte Kapelle passt wie ein Gründerzeitvertiko ins Dessauer Bauhaus. Auf diesen Kulturschock sollten Sie im »Goldenen Anker« einen doppelten Koem trinken und eine der herzhaften Fischsuppen löffeln. Wenn ich in Vitt bin, lasse ich mir in der Räucherei am Strand immer Aal und Flundern einpacken. Die Fischer dort haben ein Räuchergeheimnis, aber sie verraten es nicht. Die Vitter Mädchen sollen zaubern können, behauptete meine Großtante. Leider habe ich nie eine Vitter Zauberin kennengelernt. Alles in Vitt steht unter Denkmalschutz, sogar die Stockrosenbüsche.

Putgarten

In Putgarten gibt es zwei Sehenswürdigkeiten: den Rügenhof mit Kunstscheune sowie das Helene-Weigel-Haus. Im Rügenhof empfehle ich die Reproduktionen der alten Karten und Stiche vom Druckhof Gampe und im Weigel-Haus den selbst gebackenen Kuchen.

Helene Weigel kaufte den alten Fischerkaten 1955, weil Brecht die Ostsee an seine Zeit im dänischen Svendborg erinnerte und er das Prominentenbad Ahrenshoop mit seinen nackten Kulturfunktionären und Staatsdichtern hasste. Die Weigel kam zweimal nach Putgarten, um die Renovierungsarbeiten zu begutachten, aber Brecht starb, bevor das Haus fertig war. Nicht auszudenken, was für eine Werbung es für den kleinen Ort gewesen wäre, wenn er hier Putgartener Elegien verfasst hätte. Weil ihr der Weg zu weit war und sie mit dem Berliner Ensemble, Brechts Nachlass und dem Haus in Buckow genug zu tun hatte, überließ die Weigel ihren Fischerkaten den Technikern des Theaters als Sommerdomizil, und im Garten nebenan erholten sich die BE-Kinder in kleinen Bungalows. Nach 1989 gab es einen unendlichen Streit zwischen dem Theater und dem wendebewegten Bürgermeister des Dorfes.

Nun hat die Familie Zecher das Haus übernommen, kunstvoll renoviert und darin ein Café eingerichtet, in dem es den besten Kuchen von ganz Wittow und eine Ausstellung über Helene Weigel gibt.

Der Bug

Der Bug ist ein zehn Kilometer langer Schwemmlandstreifen, durch einen schmalen Hals mit Wittow verbunden, und wegen seiner Lage zog er schon seit Jahrhunderten Schmuggler, Zöllner und Militärs an. Seinen Namen verdankt er dem Ritter Antonius de Buge, der sich hier um 1280 ansiedelte und Piraterie getrieben haben soll. Ab 1685 gab es ein Posthaus für die Schiffslinie Ystad-Stralsund und der Postmeister musste dafür sorgen, dass die Reisenden bei Sturm oder Eisgang auf dem Landweg in die Hansestadt kamen. Als die Postverbindung nach Schweden 1861 eingestellt wurde, kamen Zöllner, Lotsen und Seenotretter auf den Bug. Sie wurden 1917 von einer Seeflugstation der Kaiserlichen Marine verdrängt, die hier Seeflieger in Funktelegrafie und Flugzeugbewaffnung ausbildete und danach zur Seeaufklärung gegen feindliche U-Boote und Flottenverbände aufsteigen ließ. Die über 700 Marineflieger brachten den Kneipen und Geschäften von Dranske gute Umsätze, sollen aber auch sittenverderbend auf die Wittower Mädchen gewirkt haben. Doch schon im Oktober 1918 schlossen sich die blauen Jungs in ihren fliegenden Kisten den aufständischen Matrosen von Kiel und Wilhelmshaven an, bildeten Soldatenräte und hissten rote Fahnen. Da der Versailler Vertrag Deutschland nach 1919 eine eigene Luftwaffe verbot, wurde die Seeflugstation unter Aufsicht britischer Navy-Offiziere demontiert. Für kurze Zeit übernahm der »Deutsche Beamtenbund« die leer stehenden Gebäude als Erholungsheim für amtsmüde Mitglieder. 1926 wurden die Beamten wieder ausquartiert und unter dem Decknamen »Deutsche Verkehrsfliegerschule« wieder Marineflieger ausgebildet.

Die Nationalsozialisten übernahmen 1933 die von der Reichswehr ausgebauten Anlagen und ließen neue Start- und Landebahnen, Hangars und Kasernen errichten. Hermann Göring kam höchstpersönlich mit seiner Jacht »Carin« zur Eröffnung der »Fliegerwaffenschule See« auf den Bug. Das nahe gelegene Fischerdorf Dranske wurde abgerissen, um Platz für die Wohnhäuser der Offiziere und Unteroffiziere des Fliegerhorsts zu schaffen.

Nachdem das »Tausendjährige Reich« sich auch auf dem Bug nur für zwölf Jahre einnisten konnte, folgte im Mai 1945 die Rote Armee und demontierte ihrerseits die militärischen Anlagen der Luftwaffe. Zwischen 1952 und 1962 wurde der Bug zum Geheimtipp für Camper unter der feuchtfröhlichen Herbergsvaterschaft des Fischers Gustav Zingrefe. Aber dann rückte die 6. Flottille der Volksmarine der DDR an und stationierte von 1965 bis zum Ende der DDR ihre Torpedoschnellboote und Raketenschiffe. Kein Geringerer als die Regielegende Frank Beyer drehte hier 1969 den DEFA-Film »Rottenknechte«. Marten Schmidt hat die Geschichte des Bugs und seiner Bewohner in dem Buch »Rügens geheime Landzunge« spannend dokumentiert.

Nach der Wende und dem Abzug der Marine gab es viele obskure Projekte, aus dem »Objekt« eine Riesenmarina samt Jachthafen und Wasserflugplatz zu machen. Doch die bitterarme Gemeinde von Dranske hofft noch heute auf den großen Investor mit der rettenden Geschäftsidee. Inzwischen sind fast alle Anlagen des Militärs zurückgebaut und der Bug ist ein Naturschutzgebiet, das man nur betreten darf, wenn man sich zu einer Führung in der Touristeninformation in

Dranske angemeldet hat. Als ich im Herbst 1995 zum ersten Mal durch diese Wildnis streifte, sah ich aus den gesprengten Rollfeldern Pappeln und Birken wachsen, was eine ungeheuer beruhigende Wirkung hatte.

Wiek

Das Fischerdorf am Wieker Bodden hieß zur Slawenzeit »Medow«, was so viel wie »Honigwiese« bedeutet, und trägt heute wieder einen Bienenkorb im Wappen. Eine Wiek dagegen ist eine Bucht und die lag für den Schiffsverkehr so günstig und geschützt, dass der Hafen das Dorf im 19. Jahrhundert zu einem der größten auf Rügen machte. Stolze Frachtsegler verschifften das Getreide Wittows von hier aus bis nach England. Auch die ungewöhnlich große Pfarrkirche deutet auf den früheren Wohlstand hin. Neben Barockaltar und Orgel reitet der Namenspatron Sankt Georg in silberner Rüstung und mit goldenem Haar hoch zu Pferde einher. Er soll Wittow von einer Maulwurfsplage befreit haben, obwohl er ja eher für Drachen und Jungfrauen zuständig ist.

Jedenfalls hat er so gründlich aufgeräumt, dass es bis heute keine Maulwürfe mehr auf Wittow gibt, behaupten die Wieker. Allein die Kirche, deren Wandmalereien und Epitaphe wieder behutsam restauriert worden sind, lohnt einen Besuch, denn auch Wiek lebt heute hauptsächlich vom Tourismus.

Im Hafen ragt eine riesige Verladebrücke ins Nichts, von der aus die am Kap Arkona abgebaute Kreide um 1890 auf Schiffe verladen werden sollte. Auch dazu ist es glücklicherweise nie gekommen, denn sonst gäbe es Kap Arkona heute nicht mehr. Und so steht das Brückenmonster nun mitten im Hafen und muss als technisches Denkmal erhalten werden.

Die »Bismarck-Stuben« am Markt erinnern daran, dass der Eiserne Kanzler auf Rügen zu Besuch war, und servieren natürlich auch den nach ihm benannten Hering. Aber nur in der Saison, versteht sich. Hier kocht der Chef noch selber und die resolute Chefin serviert. Nach dem Essen mache ich immer noch gern einen Spaziergang zum Seglerhafen – und weiter geht's nach Altenkirchen.

Altenkirchen

Altenkirchen war im 19. Jahrhundert das geistliche und geistige Zentrum von Wittow und verdankt seinen Ruf Gotthard Ludwig Kosegarten, der hier von 1792 bis 1808 als Pastor und Präpositus wirkte. Nach Studium und Hauslehrerstellen bekam er die Pfarre, die zu einem der ertragreichsten Güter der ganzen Insel zählte, und hatte endlich Zeit zu schreiben. Er träumte von einem Orplid der Künste auf dem kunstlosen Wittow und feierte die Natur Rügens in Romanen und Gedichtbänden, die so klangvolle Titel wie »Ewalds Rosenmonde« und »Thränen und Wonnen« trugen. Sie machten die Insel bald in allen deutschen Landen bekannt. Kosegarten hatte Wilhelm von Humboldt, Caspar David Friedrich und Friedrich Schleiermacher zu Gast und steckte sie mit seiner Leidenschaft an. Er korrespondierte mit Goethe, Schiller und Jean Paul und versuchte unermüdlich, die Klassiker nach Altenkirchen zu locken. Wenn ihm das gelungen wäre, hätte »Dr. Katzenbergers Badereise« vielleicht nach Putbus geführt statt nach Maulbronn. Kosegarten und seine Poesien sind oft und ausgiebig verspottet worden, dabei geben seine »Briefe eines Schiffbrüchigen« noch heute einen spannenden Einblick in das Inselleben um 1790. Der junge Franz Schubert war von seiner Lyrik so begeistert, dass er mehr als 20 Lieder nach Gedichten von Kosegarten schrieb, die dadurch immerhin in den Konzertsälen überdauert haben. Ab 1809 lehrte er als Professor für Geschichte an der Universität Greifswald und hatte die Courage, in einer Rede vor Senat und Studenten auch die Verdienste Napoleons zu würdigen. Goethe wusste das zu schätzen und widmete ihm eine Grabschrift, die leider nicht mehr auf den Stein kam: »Laßt nach vielgeprüftem Leben / hier den edlen Pilgrim ruhn, / ehrt sein Wollen und sein Streben, / wie sein Dichten und sein Tun.« Seine letzte Ruhestätte liegt neben der Kirche und in meiner Kindheit weideten Schafe und Lämmer um die alten Grabsteine. Der Besuch des Gotteshauses lohnt sich nicht nur wegen des bereits im Kirchen-Kapitel erwähnten gotländischen Tauf-beckens und dem »Svantevitstein«, sondern auch wegen der Ausstellungen und Konzerte, die es hier im Sommer gibt.

Breege

»Das reichste Dorf von Rügen« nennt der Historiker Wolf-gang Rudolph Breege in seinem Buch »Die Insel der Schif-fer« und erzählt darin die spannende Geschichte der Rüge-ner Segelschifffahrt im 19. Jahrhundert. Damals fuhren die Wittower Kapitäne mit ihren Schonern bis nach Australien, Brasilien und China. Auch Breeges Name hat mit seiner Lage zu tun: »Bregy« bezeichnet auf Slawisch einen »Ufer-ort«, denn das Dorf liegt in einer Bucht am Ufer des Bree-ger Boddens.

In den besten Zeiten der Partenreederei verzeichnete das Stralsunder Schiffsregister für Breege 45 Segler mit 250 Mann Besatzung, denen kein Zielhafen zu weit und keine Ladung zu exotisch war. Breeger Seeleute brachten Schild-kröten aus Jamaica nach London und Salpeter aus Valparaiso nach Hamburg. Sie schlugen sich im Südchinesischen Meer mit Piraten aus Macao herum und trickten bei der Rück-kehr nach Rügen kontrollwütige Zöllner mit Damenunter-wäsche aus. Wer sich für diese Abenteuer interessiert, der besorge sich Wolfgang Rudolphs Schiffer-Buch.

Nach dem Niedergang der Segelschifffahrt versuchten die weltmeergewohnten Kapitäne und Steuerleute sich mit

Fischerei und Fremdenverkehr über Wasser zu halten. Kein Wunder, dass sie über die provinzielle Beschränktheit so mancher ihrer Pensionsgäste nur grienen konnten. Dieser Sarkasmus ist bis auf ihre Ururenkel gekommen, die sich auch heute noch von Freizeitkapitänen vom Festland belehren lassen müssen, was man alles aus dem Breeger Hafen hätte machen können, wenn ...

Dann nicken sie meistens und sagen den schönen alten Seemannsspruch: »De besten Stüürlüd sind ümmer an Land.« An die gute alte Zeit erinnern die Kapitänshäuser auf dem Hochzeitsberg, den besten Blick auf den Bodden hat man von den Kapitänshäusern am Hafen. Wenn Sie nicht selbst segeln wollen, bringt Sie die Reederei Kipp sicher durch den Rassower Strom bis nach Hiddensee und zu den Störtebeker-Festspielen in Ralswiek. Seit 1928 darf sich Breege mit Juliusruh als »Seebad« bezeichnen, obwohl die See genau genommen nur an die Ufer der Nachbargemeinde schlägt.

Juliusruh

Der Name Juliusruh geht auf Julius von der Lancken auf Lanckensburg zurück, einem der wenigen romantischen Gutsherren der Insel. Aus einem der ältesten Rügener Adelsgeschlechter stammend, ließ er hier ab 1795 einen Sommersitz mit klassizistischem Landhaus, Orangerie und Badehaus errichten und legte einen Park nach französischem Vorbild an. Auf einem Spaziergang traf er auf eine Gruppe Wittower Mädchen, die gerade am Feldrain ihre Mittagspause machten und sangen. Er verliebte sich in die jüngste, die Fischertochter Juliane Gaten aus Wiek, und führte sie gegen den erbitterten Widerstand seiner Familie im Frühjahr 1800 zum Altar. Juliane konnte den abgezirkelten Alleen und Rondellen wenig abgewinnen, weswegen Julius für sie einen englischen Landschaftspark anlegen und sogar Linden aus Schweden holen ließ. Leider übernahm er sich damit finanziell und musste seinen Besitz schon 1803 an einen Cousin verkaufen. Er ging mit Frau und Kindern nach Berlin und starb dort 1813, fern von seiner geliebten Insel. Der Park verwilderte und das Landhaus verfiel, aber man kann noch heute die Allee und Spuren der Wege und der Wasserkunst finden. Die Stadt Stralsund kaufte 1835 das Anwesen und richtete einen Kurpark ein, in dem ein Findling an den romantischen Julius erinnert. Es ist wunderschön, auf der Strandpromenade zwischen der Residenz »Aquamaris« und dem Haus »Strandidyll« zu promenieren, dabei das historische Fischerdorf zu bewundern oder noch besser: sich am Strand in die Sonne zu legen. Rügen gehört zu den sonnenreichsten Gegenden von ganz Deutschland und streitet sich seit Jahrhunderten mit Hiddensee, das behauptet, noch sonnenreicher zu sein.

Schaabe

Von Juliusruh führt die alte Wittower Landstraße in Richtung Glowe durch die Schaabe, eine schmale Landzunge, die Wittow mit Jasmund verbindet. Seit 1860 wurden hier Kiefern angepflanzt, um die Dünen und das Schwemmland zu befestigen – die schmalste Stelle zwischen Ostsee und Großem Jasmunder Bodden ist gerade mal 600 Meter breit. Die Schaabe zählt zu den längsten und schönsten Stränden Rügens und war schon zu DDR-Zeiten ein FKK-Paradies. Obwohl der Weg von Sassnitz wesentlich weiter war als zum Strand von Mukran vor unserer Haustür, fuhr meine Mutter lieber an die Schaabe, denn die war angesagt und international. Die sozialistischen Freikörperkulturschaffenden kamen aus Warschau, Prag und Budapest angereist, um hier nackte Tatsachen zu präsentieren. Sie kommen, wie man an den Autokennzeichen sehen kann, noch heute. Stehen Sie früh auf, wenn Sie einen Platz für Ihr Auto und einen für Ihr Handtuch finden wollen. Ich gehe hier lieber im Herbst oder im Winter spazieren, denn dann hat man den zehn Kilometer langen Strand oft ganz für sich alleine und die wenigen Wanderer, denen man begegnet, tragen ihr Übergewicht nicht wie eine Errungenschaft vor sich her. Meiner Überzeugung nach hat Caspar David Friedrich seinen berühmten »Mönch am Meer« hier gemalt, und vielleicht überprüfen Sie diese Behauptung ja bei einem Halt in der Schaabe.

An ihrem südlichen Ende liegt der Badeort Glowe, der seinen Namen dem Kap Königshörn verdankt, denn »Glova« bedeutet im Slawischen so viel wie »Kopf« oder »Haupt«. Früher war der Ort ein stilles Fischerdorf, heute gibt es Hotels, Pensionen, Souvenirläden und immer noch einen sehr guten Bäcker. Das architektonische Highlight Glowes war lange Zeit Ulrich Müthers »Ostseeperle«, ein Spannbetonbau, in dem ich mir immer vorkam wie der Raumfahrer Ijon Tichy in einer Science-Fiction-Story von Stanislaw Lem. Der Blick auf die Ostsee war atemberaubend und das Eis außerirdisch gut. Nach der Wende verfiel das gläserne Café, heute ist es um den Preis eines quadratischen Hotelanbaus gerettet worden. Der Blick auf die Ostsee ist immer noch phantastisch. Am Ortsausgang von Glowe stehen die Anlagen der Seefunkstation »Rügen-Radio«, dessen Antennen die Hochseefischer bis zum Ende der DDR mit ihren Heimathäfen verbanden. Heute hat sich das durch moderne Satellitentechnik erledigt, und man plant, auch hier Ferienwohnungen mit Meerblick einzurichten.

Wenn Sie zwischen Glowe und Ruschvitz in Richtung Bodden sehen, werden Sie überwachsene Erdwälle entdecken, die ab 1938 vom Reichsarbeitsdienst und später von Kriegsgefangenen aufgeschüttet wurden, um einen U-Boot-Hafen im Großen Jasmunder Bodden einzurichten. Der Plan stammte noch aus den Zeiten des kaiserlichen Groß-

admirals Tirpitz und wurde nach 1945 von der Rotbannerflotte weitergetrieben, um die westliche Ostsee zu kontrollieren. Erst Stalins Tod beendete das Monsterprojekt, denn
ansonsten hätte es wohl an dieser Küste ein zweites Prora
gegeben. Aus Ruschvitz soll Störtebekers Steuermann Goedeke Michel stammen und der berühmte Seeräuber von hier
aus seinen Weg in die Piraterie angetreten haben. Aber auch
darum wird bis heute heftig gestritten. Die historischen Fakten liest man am besten in Dieter Zimmerlings »Störtebeker & Co« nach.

In Bobbin sind die alte Feldsteinkirche und der benachbarte Tempelberg einen Halt wert. Von hier aus hat man
eine wunderbare Aussicht über Bodden und Tromper Wiek
bis nach Arkona im Norden und über die Jasmunder Felder
bis nach Gummanz und Sagard im Südosten.

Im September und Oktober sind die Felder voller Kraniche, die sich für ihre Reise verproviantieren. Unbedingt
empfehlenswert ist das Schloss Spycker, dessen wechselvolle
Geschichte Sie schon aus dem Schlösser-Kapitel kennen.
Aber den Schlosskeller und die Stuckdecken müssen Sie mit
eigenen Augen sehen. Auch auf Spycker können Sie heiraten, sogar mit Helikopter, Bentley und Feuerwerk.

Halbinsel Jasmund

Die schönste Fahrt auf die Halbinsel Jasmund führt über den
Abzweig Baldereck durch die Dörfer Bisdamitz, Nardevitz
und Blandow nach Lohme. Alles, was auf Rügen auf -itz
oder -ow endet, deutet auf eine slawische Ortsgründung
hin, während man deutsche Dörfer leicht an Namen wie
Lanckensburg, Quatzendorf oder Neuholstein erkennt. Für
den Inselhistoriker Wolfgang Rudolph war Jasmund der Balkon von Rügen.

Lohme

Das ehemalige Fischerdorf Lohme wird unser erster Halt an der Nordküste von Jasmund sein. Es verdankt seinen Namen den Windbrüchen, die die Herbststürme immer wieder im Küstenwald verursachen. »Loum« wird 1250 zum ersten Mal in einer Urkunde von Papst Innozenz IV. erwähnt. Es gehörte lange zur Herrschaft Spycker und entwickelte sich ab 1850 zu einem Badeort. Der Streit, ob nun Lohme oder Sassnitz das älteste Seebad Jasmunds ist, hält bis heute an. Der Ortschronist Heinz Müller hat in seiner lesenswerten »Entdeckungsreise zwischen Königsstuhl und Kap Arkona« belegt, dass ein Katalog des Kaiserlichen Gesundheitsamtes von 1900 dem Ort die Bezeichnung »Seebad« schon ab 1855 zubilligte, während sich Sassnitz erst ab 1860 mit diesem Titel schmücken durfte. Wir Sassnitzer ignorieren das natürlich und verweisen auf den Besuch von Henriette Schleiermacher im Sommer 1824, kaiserlicher Katalog hin oder her. Wahr ist allerdings, dass Lohme bei Theodor Fontane wesentlich besser wegkommt. Während er Sassnitz bei seinem Besuch im September 1884 als »langweilig, raufgepufft in seinen Forderungen und nicht viel dahinter« abkanzelte, schrieb er nach einem Besuch bei Balduin Möllhausen am 13. September 1884 an seine Frau: »Alles interessant, am interessantesten aber, dass mich die ganze Szenerie von Lohme und Arkona beständig an Sorrent erinnert.« In »Effi Briest« wird dann allerdings Sassnitz zu Capri und Sorrent und dieser begeisterte Ausruf Effis ist wesentlich berühmter geworden als Fontanes grummelnder Brief.

Lohmes Aufschwung als Seebad ist erstaunlich, wenn man den steinigen Blockstrand und den umständlichen Abstieg zum Meer betrachtet. Dafür gab es schon früh elegante Damen- und Herrenbäder und sogar ein Warmbad, das für 50 Pfennige besucht werden konnte. Heute ist dieser Bäderstolz längst vom Strand verschwunden und nur die Hafenmole lädt zum kurzen Promenieren ein. Dafür haben Sie vom »Haus am Meer« und vom »Panorama Hotel« grandiose Ausblicke über die Ostsee. Das beliebte »Café Niedlich« hat den großen Uferabbruch im März 2005 überstanden und ist nach aufwendiger Hangsanierung wieder geöffnet. Wenn Sie hier Ihren Kaffee getrunken haben, sollten Sie unbedingt einen Blick in Peter Müllers Steinmanufaktur werfen. Nirgends auf der Insel werden aus Steinen so phantasievolle Kleinkunstwerke wie unter den Händen von »Steinmüller«, und nirgends finden Sie ein so gut sortiertes Antiquariat aus alten und neuen Rügenbüchern, Karten, Drucken und alten Stichen. Ebenso lohnend ist ein Besuch in Kerstin Bartels Keramikatelier gleich nebenan und in Marion Prager-Wiehns Handweberei im alten Kapitänshaus Trost.

In die Kunstgeschichte ist das Dorf durch Karl Hagemeister eingegangen, der seinem Lehrer Friedrich Preller zuerst auf die Insel Vilm folgte und dann ab 1907 die stürmische Lohmer Küste für sich entdeckte. In seiner Heimat in Entenfang bei Geltow erreichten ihn oft Telegramme mit Sturmankündigung aus »Mau's Hotel« in Lohme, wo er bis 1915 immer wieder logierte. Dann ließ Hagemeister alles stehen und liegen und fuhr mit dem Zug nach Rügen, um seine berühmten »Wellenbilder« zu malen. Wenn der Nordost zu stark war, pinnte er seine Leinwände an die Pfosten des Herrenbads und schuf mit Hasenpfoten, Handballen und selbst gerührten Farben Sturmkompositionen, in denen man die Wucht der Brandung nicht nur sehen, sondern auch hören kann. Dabei vergaß er alles um sich herum. »Bei einem Bild kam plötzlich eine so jroße Sturzwelle, daß ick bis am Hintern im Wasser stand und die Hälfte meiner Ölfarben mit fortgerissen wurde. Aber ick hab trotzdem weiterjemalt«, erzählte er später einem Freund. Der Hochuferweg von Lohme zum Königsstuhl führt an der Hagemeisterbuche vorbei und auf einer Bank in der Nähe können Sie die gleiche Aussicht genießen, von der sich der alte Meister vor hundert Jahren inspirieren ließ. Die Badegäste hielten ihn in seinen abgerissenen Naturmalerklamotten oft für einen Landstreicher und ahnten nicht, dass er einer der bedeutendsten Künstler seiner Zeit war. Das Berliner Bröhan-Museum besitzt eine umfangreiche Sammlung seiner Meisterwerke.

Einer der schönsten Wanderwege Jasmunds führt von Lohme hinter »Grey's Hotel« am Hochufer entlang bis zum Königsstuhl. Dafür sollten Sie einen Nachmittag einplanen, denn hier gibt es so viele Ausblicke über die Ostsee und Einblicke in den Nationalpark Jasmund, dass es lohnt, sich Zeit zu nehmen.

Beabsichtigen Sie, auf Rügen Golf zu spielen? Am elegantesten geht das in der Golf-Akademie auf Schloss Ranzow, die am Ortsrand von Lohme residiert. Ihr Betreiber hat das alte Gemäuer ebenso aufwendig wie stilvoll restauriert und mit einem 18-Loch-Challenge-Course und einer Driving Range versehen. Die Schlossküche macht ihrem Namen alle Ehre und selten habe ich auf Rügen so gut und zu so angemessenen Preisen gegessen wie hier. Natürlich können Sie dort auch heiraten, wenn Ihre Auserwählte mit Ihrem Handicap zufrieden ist. Die Turmkapelle von Schloss Ranzow ist eine Außenstelle des Standesamts Nord-Rügen und gespensterfrei.

Stubbenkammer

Der Hochuferweg zwischen Höllgrund und Stubbenhörn führt durch verwunschene Landschaften, die mit ihren Auen, Baumungeheuern und Waldwiesen an die Gefilde der Hobbits und Elfen erinnern. Wenn Sie das spielende Licht zwischen den Buchen und über den Wildbächen beobachten, dann sehen Sie, aus welchen Quellen die Sagen der Stubnitz sprudelten.

Am Königsstuhl angekommen, erkundigen Sie sich nach dem Waldweg zur Victoria-Sicht, denn von dort aus kann man Rügens berühmtesten Kreidefelsen am besten sehen. Das wusste schon der preußische König Wilhelm I., der diesen Ort am 10. Juni 1865 besuchte und nach der Siegesgöttin benannte. Vielleicht ging ihm beim Blick gen Dänemark der Gedanke an den schleswig-holsteinischen Erbfolgekrieg nicht aus dem Kopf, zu dem Bismarck ihn drängte und den der König gern vermieden hätte. Sein Vater, König Friedrich Wilhelm III., hatte für die Galerie des Kronprinzen mehrere Gemälde von Caspar David Friedrich ankaufen lassen, es ist also anzunehmen, dass der spätere deutsche Kaiser dessen Rügenbilder kannte. Der Greifswalder Maler hatte seit 1801 die Insel bereist und dicke Skizzenbücher mit Landschaftsmotiven und Detailstudien gefüllt. Daraus schuf er in seinem Dresdener Atelier so bekannte Gemälde wie den »Mönch am Meer«, die »Landschaft mit Regenbogen« und die »Kreidefelsen auf Rügen«, die diese Küste weltberühmt gemacht haben.

Nach Akademie-Ausstellungen in Berlin und Dresden folgten Carl Gustav Carus, Wilhelm von Humboldt, Adelbert von Chamisso und alles, was in den romantischen Zirkeln Deutschlands Rang und Namen hatte, den Spuren Friedrichs.

Der Königsstuhl wurde und wird angedichtet, besungen und gemalt und ist heute wohl die meistfotografierte Sehenswürdigkeit der Insel. Jährlich kommen über 300 000 Besucher, um auf seinem Plateau ein Erinnerungsfoto zu knipsen. Entsprechend voll ist es hier oben im Sommer und man sieht mehr gewagte Urlaubsmode als Ostsee. Ich empfehle Ihnen deshalb einen Spaziergang am frühen Morgen zum Sonnenaufgang oder im Herbst, wenn die Farbenpracht der Stubnitz sich mit der Blätterpracht des Indian Summer in New England messen kann. Beim Klettern auf die Aussichtsplattform steigen Sie über ein Hügelgrab, passenderweise »Königsgrab« genannt, von dem das meiste aber leider schon in die Tiefe gestürzt ist. »Ich war noch nie so nahe von der alten Sagenwelt unseres nordischen Stammes berührt als hier«, schrieb Carus 1819 an einen Freund und der Schriftsteller Heinrich Laube nannte die Stubbenkammer auf seiner Rügenreise von 1836 »Deutschlands Thule«. So sagenumwoben wie der Königsstuhl ist kaum ein anderer Ort auf Jasmund. Angeblich wurde derjenige zum König von Rügen gekrönt, der es schaffte, vom Strand her bis auf seine Spitze zu klettern.

Versuchen Sie es lieber nicht, denn es mussten schon einige Thronanwärter vom Rettungshubschrauber aus der Kreide gepflückt werden. Die Rechnung dafür ist hoch, und wer tatsächlich auf diese Krone scharf ist, kennt die Insel nicht oder ist lebensmüde.

Meine Großtante Ella erzählte mir hier die Sage von der schwarzen Frau in der Stubbenkammer und von der Jungfrau mit dem blutigen Hemd am Waschstein, die mein Ururgroßvater Jochen Steinort dem Sagenforscher Alfred Haas überlieferte. Über Letztere habe ich ein ganzes Buch geschrieben, musste dem Verleger aber versprechen, mich an dieser Stelle nicht selber zu plagiieren. Die schwarze Frau sitzt noch immer in ihrer Höhle beim Teufelsgrund, nachdem ein dänischer Todeskandidat ihren goldenen Becher geraubt hat. Wenn Sie dort einen Raben auf einer Kreideklippe hocken sehen, dann wissen Sie, wo sich ihr flammenumtostes Gefängnis befindet. Aber lassen Sie auch hier das Klettern sein, denn der Becher ist weg und der Eingang auf ewig verschlossen.

Nach den Romantikern kamen die Klassizisten, unter ihnen Karl Friedrich Schinkel, der im September 1821 an Christian Daniel Rauch schrieb: »Das Meer ist doch eine große Verschönerung alle Landschaften und in so origineller

Art, wie es sich vor Rügen zeigt, wüßte ich es nirgendwo anders gesehen zu haben.« Schinkel kannte die Amalfiküste und Capri und schätzte die Stubbenkammer trotzdem mehr. Informationen über Geschichte und Zukunft dieser Küstenformation erhalten Sie im Nationalparkzentrum am Königsstuhl, in dem es neben der naturkundlichen Ausstellung auch das einzige Bistro weit und breit und eine Buchhandlung gibt. Danach bietet sich ein Abstecher zum schon beschriebenen Herthasee mit der Besteigung des alten Burgwalls an, oder Sie spazieren weiter in Richtung Waldhalle. Das alte Gasthaus wurde 1874 erbaut und hatte schon damals eine »Konzession für geistige Getränke«. Bis heute hat es Hunderttausende von müden Stubnitz-Wanderern erfrischt und beherbergt. Ich habe hier viele Familienfeiern erlebt und von meinem Onkel Otto ganze Wörterbücher voll Jägerlatein über Mörderböcke und gehörnte Rammler gehört, die früher die Wände zierten. Aus Gründen, die nur das Nationalparkamt versteht, soll aus dieser beliebten Gaststätte demnächst eine Naturschutzschule werden. Dass das Amt seine eigenen Gebote im Nationalpark nicht durchsetzen kann, liegt aber nicht an solchen Umbauten, sondern daran, dass viele Rangerstellen dem Rotstift zum Opfer gefallen sind. Sehen Sie sich also vor frei laufenden Hunden und Mountainbikern vor, die hier durch die Botanik jagen. Als ich einmal ein Dalmatinerherrchen freundlich auf die Leinenpflicht im Nationalpark hinwies, explodierte der Mann wie ein Chinaböller. »Du lebst wohl noch im Osten, oder was?«, bellte er mir mit hochrotem Kopf hinterher. »Wir haben jetzt Freiheit, verstehste! Und zwar überall und für alle, capito?« Aber das Rauschen von Buchen und Brandung lässt einen solche Begegnungen schnell wieder vergessen und erinnert an die 1. Symphonie von Johannes Brahms, deren Schlusssatz der Komponist hier bei seinen Spaziergängen im Juli 1876 vollendete. »An den Wissower Klinken ist eine schöne Symphonie hängengeblieben«, schrieb Brahms zufrieden an seinen Verleger.

Der Hochuferweg führt Sie weiter über den Kollicker Ort, an dem noch immer ein kleines Leuchtfeuer steht, zur Ernst-Moritz-Arndt-Sicht und an jene Stelle, an der einst die Wissower Klinken ragten. Bei einem Abbruch im Februar 2005 stürzten sie ins Meer, doch die Legende, Caspar David Friedrich habe seine »Kreidefelsen« hier gemalt, hat sich bis heute erhalten. Auch der Burgwall, der den seltsamen Namen »Der Hengst« trägt, ist in den letzten Jahren durch Uferabbrüche kleiner geworden. Wenn Sie am Gakower Ufer angekommen sind, nehmen Sie die Treppen zur Piratenschlucht, in der Störtebekers Likedeeler ihre Schätze vergraben haben sollen. Nach dem letzten Stück Weg am Strand werden Sie Klein-Helgoland erblicken, einen Eiszeitfindling, von dem aus wir früher angelten und der heute den Eingang zur Sassnitzer Kurpromenade bewacht.

Sassnitz

Zur Herkunft des Namens meiner Heimatstadt gibt es verschiedene Vermutungen. Mir gefällt die aus dem slawischen »Sasena« am besten, was so viel wie »hinter der Wand« bedeutet und damit die Lage des alten Fischerdorfs in einer Liete hinter den Kreidewänden der Stubbenkammer beschreiben würde. Erwähnt wurde Sassnitz zum ersten Mal 1584 in einem Bericht des Pfarrherrn Johann Rhenan, damals war es vermutlich nicht mehr als ein Flurname. Älter ist das Nachbardorf Crampas, das schon 1398 in einer Urkunde auftaucht, wie der Sassnitzer Stadtarchivar Frank Biederstaedt kürzlich herausgefunden hat. Sassnitz und Crampas entwickelten sich durch die Jahrhunderte als Fischer- und als Bauerndorf nebeneinander und in herzlicher Feindschaft um Strandgut, Reusen und Kurtaxe. Erst

1906 wurden beide Gemeinden zusammengelegt – ausgerechnet am 1. April. Die Fehden haben den Zusammenschluss lange überdauert und mein Großonkel Paul erzählte oft, dass die Sassnitzer noch in seiner Jugend in der Johanniskirche auf der rechten Seite saßen, während die Crampasser auf der linken beteten und sangen.

Die Ruhe nach dem Westfälischen Frieden währte auch auf Jasmund nicht lange. Im Februar 1700 brach der Nordische Krieg zwischen Schweden auf der einen und Dänemark, Norwegen und Russland auf der anderen Seite aus. König Karl XII. kam auf die Insel, um seine Truppen zu inspizieren und neue Schanzen aufwerfen zu lassen. Im August 1715 soll er die Niederlage seiner Flotte in einer Seeschlacht gegen die Dänen vom Königsstuhl aus beobachtet haben. Doch nach diesen zwanzigjährigen Kriegswirren zog bis zum Einrücken der napoleonischen Besatzungstruppen im September 1807 erst einmal Frieden ein, und der sollte danach immerhin bis 1914 halten. Diese 107 Jahre bescherten Sassnitz und Crampas ihre Blütezeit als Bade- und Ferienorte, deren renovierte Pracht Sie heute wieder in der Sassnitzer Altstadt bewundern können. So blütenweiß und verschwiegen hat sie schon Theodor Fontane erlebt, dem Sassnitz seinen besten Werbeslogan verdankt: »Nach Rügen reisen heißt nach Sassnitz reisen.« Der märkische Romancier war im September 1884 auf die Insel gekommen, um für einen Roman mit dem Titel »Sommers am Meer« zu recherchieren und seinen Kollegen Balduin Möllhausen in Lohme zu besuchen. Er stieg im Hotel »Fahrnberg« ab, das als erstes Haus am Platze galt und später in »Effi Briest« als »Hotel Fahrenheit« vorkommt. Johannes Brahms hat hier im Sommer 1876 den Abschluss seiner 1. Symphonie mit viel Champagner gefeiert und für die erstaunten Gäste Beethovens »An die ferne Geliebte« gesungen. Fontanes Reisetagebuch verzeichnet einen Besuch in der Stubnitz und auf Stubbenkammer am Herthasee. Dieser wird von Effi und Instetten besucht und versetzt die junge Frau nach den Schilderungen ihres Reiseführers in Angst und Schrecken, sodass sie eilends weiterreisen. Nehmen Sie »Effi Briest« mit nach Sassnitz und wandern Sie entlang den Bädervillen auf ihren Spuren. Nach der Kaiservisite durch Wilhelm II. samt Gefolge wurde Sassnitz sogar mondän, wie Effi es bereits vorausgefühlt hatte: »Die Kellner sind mir zu vornehm und man geniert sich, um eine Flasche Sodawasser zu bitten.« Deswegen brauchen Sie sich keine Sorgen zu machen, die Kellner sind heute leger.

In meiner Kindheit war die Sassnitzer Bädervillenpracht schon reichlich ramponiert und grauem Putz gewichen, hinter dem sich Wohnungen und Ferienzimmer versteckten. Ein paar der alten Pensionen besaßen noch blätternden Laubsägebarock an ihren Balkonen und Veranden, wie die »Villa Anna«, in der meine Tante Hedwig wohnte. Sie war noch ganz in Gründerzeit möbliert und ein Besuch bei ihr war eine Reise in die verlorene Zeit. Dazu trugen auch ihre Porzellanfigurensammlung und die alten Familienfotos bei, die heute bei mir zu Hause hängen. Trotz aller Vernachlässigung hatte die Sassnitzer Altstadt etwas von ihrem Charme und ihrem Geheimnis behalten. Im Sommer gab es Kino auf dem Kurplatz und die ersten Küsse auf den Bänken am Meer. Die Sommernächte haben hier einen eigenen Zauber, und wenn Sie den erleben wollen, bleiben Sie für ein paar Tage in Alt-Sassnitz.

Der Spaziergang am Beginn der Strandpromenade führt vorbei an der Konzertmuschel von Ulrich Müther am Kurplatz, am Denkmal für die auf See gebliebenen Fischer sowie am »Strand-Hotel«. Das »Gastmahl des Meeres« verdankt seinen Ruf dem legendären Fischkoch Rudolph Kroboth, der seit 1961 im DDR-Fernsehen für Fisch statt Fleisch warb und 1965 die Gastmahl-Kette von Sassnitz bis nach Suhl aus der Taufe hob, die sich noch heute großer Beliebtheit erfreut. Hier im Sommer einen Tisch zu bekommen war nur durch gute Beziehungen möglich, die auch im Sozialismus nur dem schadeten, der keine hatte.

Am Ende der Strandpromenade gibt es noch immer die Gaststätte »Zur Mole«, die zu meiner Fahrenszeit als »Schmales Handtuch« Stammkneipe der Fischer war. Hier hatte ich vor meiner ersten Fangreise einen langen Abend mit unserem Bestmann, der mir bei einigen Flaschen »Hafenbräu« eine Einweisung in die Sitten und Gebräuche auf der SAS »Doggerbank« gab. Sie kam mir wie unglaubliches Seemannslatein vor, sollte sich aber schon wenige Stunden später als beherzigenswert wahr erweisen.

Das Zusammenleben von acht Männern auf engstem Raum bei schwerer See und mitten im Fisch hatte andere Gesetze als die der sozialistischen Moral und Ethik aus dem Staatsbürgerkundeunterricht. Aber es war eine gute Schule für einen sozialistischen Realismus der etwas anderen Art.

Die Sassnitzer Mole ist mit ihren fast anderthalb Kilometern die längste Außenmole Europas und wurde zwischen 1889 und 1896 erbaut, aber erst 1912 in ihrer ganzen Länge vollendet. Für ihr Fundament verwendete man viele Findlinge aus dem Uferbereich, darunter auch den Schwanenstein, von dem die Schwäne seit Jahrhunderten bei uns in Sassnitz die Babys brachten. Aber da die Sassnitzer seitdem nicht ausgestorben sind, müssen die Schwäne wohl einen anderen Kinderfindling entdeckt haben. Es stellte sich bald heraus, dass das »Steinezangen« dem natürlichen Uferschutz schweren Schaden zufügte, da die Stürme nun ungehindert ihre Brecher über die Promenade jagten und auch den mühsam aufgeschütteten Sandstrand mit sich rissen. Deshalb durften nur noch Steine aus einer Wassertiefe von mehr als zwei Metern heraufgeholt und in der Mole verbaut werden.

Als am 29. Dezember 1978 der große Schneesturm über Rügen hereinbrach, der die Insel tagelang vom Festland abschnitt, saß ich mit einem befreundeten Lektor im siebten Stock des »Rügen-Hotels«. Wir sahen, wie die Sturzseen die Mole binnen einer Stunde in eine Gletscherlandschaft verwandelten und schwere Breschen in ihr Mauerwerk schlugen. Der Orkan erreichte Windstärke zwei, verwehte die Landstraßen und Bahngleise und begrub ganze Dörfer unter seinen Schneemassen. Auch der Fährverkehr nach Schweden kam zum Erliegen, weil selbst die Eisbrecher nicht mehr durchkamen. Städte und Dörfer der Insel mussten durch Militärhubschrauber aus der Luft mit Lebensmitteln und Treibstoff versorgt werden. Die Bäckereien der Volksmarine und der Rotbannerflotte arbeiteten auf Hochtouren und plötzlich war sogar das grob gebackene »Russenbrot« wieder begehrt. Für sieben lange Tage und Nächte zeigte Mutter Natur, dass ihre Gesetze selbst die des wissenschaftlichen Kommunismus in Bedrängnis bringen können. Aber dann schien wieder die Sonne und die Räumtechnik der Nationalen Volksarmee grub die Insel aus den Schneewehen. Am 3. Januar 1979 rollten die ersten Züge durch meterhohe Eistunnel in Richtung Stralsund und mein Sohn wurde kein Inselkind, sondern ein Berliner.

Heute ist von den Verwüstungen dieses Winters auf der Mole nichts mehr zu sehen. Von hier aus lässt sich mit Ausflugsschiffen eine Fahrt entlang der Kreideküste machen und die Ansicht der Stubnitz von See her genießen. Ich empfehle Kapitän Wünscher und seinen Kutter »Kalinin«, weil er das schönste Seemannslatein erzählt und seinen alten Sechsundzwanziger nicht umgetauft hat, was bei Schiffen bekanntlich Unglück bringt. Sogar ein Kapitänspatent können Sie bei ihm an Bord erwerben und im Maschinenraum meinen ehemaligen Arbeitsplatz im Originalzustand bewundern.

Auf dem Gelände des ehemaligen Fischkombinats befindet sich heute das »Fischerei- und Hafenmuseum Sassnitz«, in dem Sie fast alles über die Geschichte der Küsten- und Hochseefischerei der Insel erfahren können. Zum Museum gehört auch der Sechsundzwanziger-Kutter »Havel«, auf dem Probeliegen in der Kapitänskoje und eine Einweisung in die nautische Technik auf der Brücke angeboten werden. Und in der »Wunderkammer« von Rena Schaller finden Sie phantastische Fische und Nixen aus Muscheln, Strandglas, Bernstein und Perlmutt, die so aussehen, wie Meerjungfrauen in Wirklichkeit aussehen.

Sollten Sie danach eine Kaffeepause brauchen, empfehle ich die Bäckerei Peters im alten Fährbahnhof unter der neuen Hafenbrücke.

Hier kam am 11. April 1917 Wladimir Iljitsch Lenin mit 31 anderen russischen Revolutionären aus dem Schweizer Exil in Sassnitz an, um nach Schweden und von dort aus nach Petrograd weiterzufahren. Diese Reise sollte Weltgeschichte machen und nicht nur den Zaren, sondern auch dessen Vetter Wilhelm II. Thron und Reich kosten. Der Obersten Heeresleitung des Kaisers war Lenin in Zürich als radikalster Revolutionär aufgefallen, und wenn man ihn, so das Kalkül, nach Russland schleusen könnte, würde er binnen kürzester Zeit eine Revolution auslösen. Die Fahrt in einem Sonderzug hatte sich mit allerhöchster Billigung der Generalquartiermeister Erich von Ludendorff ausgedacht, weil er sich von einer Revolution in Russland den Zusammenbruch der Ostfront erhoffte und die dadurch frei gewordenen deutschen Heeresgruppen an die Westfront werfen wollte. Die Revolutionäre hatten lange gezögert, sich auf dieses riskante Spiel einzulassen. Sie waren schon in der Schweiz von anderen Exilanten als Verräter und Provokateure beschimpft worden, aber Lenin sah in dem Angebot Ludendorffs eine einmalige Chance. Lieber als deutscher

Spion erschossen werden, als weiter in Zürich Rösti essen und auf die Revolution warten, sagte er seinen Genossen. So fuhren sie in einem gut bewachten Waggon durch Deutschland und verpassten wegen mehrfacher Verspätung in Sassnitz die Fähre. Sie mussten eine Nacht im Abteil verbringen, während die Sassnitzer Honoratioren enttäuscht waren, dass die vermeintlichen russischen Großfürsten nicht ausstiegen, um mit ihnen im »Reichshof« zu tafeln.

Erst am anderen Morgen ging es weiter und wenige Wochen später waren Lenin und seine Bolschewiki an der Macht. Aber das half dem Kaiser und seinen Generälen nicht mehr. Das russische Beispiel machte Schule, die deutschen Soldaten bildeten Räte und sogar auf dem Bug weigerten sich die Matrosen, den Befehlen ihrer Offiziere zu folgen. Die Novemberrevolution 1918 machte Schluss mit der Hohenzollernherrlichkeit und Ludendorff begab sich eilends nach Schweden, noch bevor die Republik ausgerufen und der Krieg beendet war. So wehte für einen Tag und eine Nacht ein Hauch von Weltgeschichte durch den Sassnitzer Hafen.

An Lenins kurzen Aufenthalt erinnerte zu meiner Schulzeit ein Gedenkstein vorm »Seemannsheim«, der heute an der Uferböschung hinterm »Rügen-Hotel« steht und Moos ansetzt. Der Lenin-Waggon, zum 60. Jahrestag der Großen Sozialistischen Oktoberrevolution am Sassnitzer Bahnhof aufgestellt und vom sowjetischen Botschafter eingeweiht, wurde nach 1989 von der eifrigen Lokalpolitik in vorauseilendem Gehorsam ins Dresdener Verkehrsmuseum verbannt. Der markig-merkwürdige Begriff »Geschichtsbewältigung« wird auch auf Rügen auf dem zweiten Wort betont. Ebenso verschwunden sind heute die Absperrzäune zum Fährhafen und die Wachtürme der Volksmarine, die Sassnitz zur Grenzstadt machten. Wir lebten damit, wie die Berliner mit der Mauer lebten, nur mit dem Unterschied, dass sie etwas durchlässiger war. Unsere Väter und Brüder konnten sie mit ihren Kuttern und Trawlern passieren und wir träumten davon, sie eines Tages mit einem Seefahrtsbuch in der Tasche hinter uns zu lassen. Auch andere DDR-Bürger versuchten, diesen Traum mit Segelbooten und Kajaks, in selbst gebauten Ballons und Ein-Mann-U-Booten zu verwirklichen. Als sich diese »Versuche zur Republikflucht« häuften, wurde die gesamte Insel zum Grenzgebiet erklärt und ihre Bewohner aufgefordert, Reisende mit verdächtigem Gepäck umgehend bei den »zuständigen Organen« zu melden. Jeder wusste, welche Organe damit gemeint waren, und die reagierten sofort. Man durfte sich auf einer Luftmatratze nicht weiter als 150 Meter vom Ufer entfernen und nachts kontrollierten Doppelposten der »Grenzbrigade Küste« die Strände und vertrieben uns von unseren Lagerfeuern am Dwasiedener Strand.

Die beiden »Organe«, die im Fischkombinat für die Staatssicherheit sorgen sollten, waren so bekannt wie bunte Hunde, nur nicht so beliebt. Sie saßen oft in der »Hasenbar«, einer kleinen Vereinskneipe unserer Schrebergartenkolonie »Roter Oktober«, und meistens fehlte ihnen der dritte Mann zum Skat. Als einer der beiden Herren Haase, den Wirt, einmal fragte, warum er Dürers Hasen statt des Genossen Honecker an der Wand hängen habe, fragte der nur zurück »Heiß ick Honecker?«, und die ganze Kneipe johlte. Das war im Sommer 1980 und Honecker für uns nur noch eine Lachnummer. Wir hatten gesehen, wie die Arbeiterklasse in Norwegen und Schweden lebte, und ahnten, dass die Oktoberrevolution wohl im falschen Land stattgefunden hatte. Und dass der Begriff »Sozialistisches Lager« eine Doppeldeutigkeit besaß, die seine Erfinder nicht beabsichtigten. Auf Rügen hatte man von diesem Lager aus eine schönere Aussicht als von Bitterfeld oder Buhna. Aber diese Aussicht verstellte mitunter auch den Blick, wie es in den anderen Abteilungen des Lagers aussah, wo die Zäune nicht so durchlässig und die Landschaften nicht so idyllisch waren wie auf unserer Insel.

Vom Hafenbahnhof aus sehen Sie auf das ehemalige Terminal der »Königslinie«, die seit 1909 Sassnitz mit Trelleborg verband und in dem sich heute ein Museum für Unterwasserarchäologie befindet, sowie auf das britische U-Boot »H. M. S. Otus«. An gleicher Stelle lagen am 6. März 1945 Transportschiffe mit Flüchtlingen aus dem Baltikum und Ostpreußen, die Ziele eines englischen Bombenangriffs wurden, bei dem 136 Sassnitzer und 167 Flüchtlinge ums Leben kamen. Viele von ihnen sind auf dem Waldfriedhof von Dwasieden bestattet, zu dem Sie über die »Straße der Freundschaft« auf dem Weg nach Crampas gelangen.

Dwasieden gehörte zu Crampas und war der Abenteuerspielplatz meiner Kindheit. Hier konnte man am Strand nicht nur Hühnergötter und Fossilien finden, sondern auch Stangenpulver aus alten Torpedokartuschen, aus denen sich wirkungsvolle Stinkbomben bauen ließen. Was ich damals nicht wusste, war, dass sich hinter dem Maschendrahtzaun die Ruine eines der schönsten Rügener Schlösser befand.

Der Berliner Bankier Adolph von Hansemann hatte es sich von dem Architekten Friedrich Hitzig erbauen lassen, der in Berlin mit dem Bau der Börse und der Reichsbank berühmt geworden war und als kleiner Fritz aus E. T. A. Hoffmanns »Nußknacker und Mausekönig« in die Weltliteratur einging. Sein Vater Eduard war mit Hoffmann und Chamisso befreundet und hatte durch den Weltumsegler zum ersten Mal von den Naturwundern Rügens gehört. Hansemann dagegen hatte sich als Sohn des preußischen Finanzministers David Hansemann dessen Maxime »In Geldsachen hört die Gemütlichkeit auf!« zu eigen und damit eine schnelle Karriere gemacht. Er übernahm 1864 die Direktion der mächtigen Discont-Gesellschaft und wurde einer der einflussreichsten Bankiers in Europa. 1880 gründete er die Deutsche Seehandelsgesellschaft und finanzierte Bergwerke und Eisenbahnlinien in Asien und Afrika. Das Dwasiedener Schloss war einer der formvollendetsten Bauten Friedrich Hitzigs und Hansemann lud die Hautevolee des Deutschen Kaiserreichs zu seinen Jagden und Diners nach Rügen ein, darunter Kaiser Wilhelm II., Minister, Diplomaten und Künstler. Seine Frau Ottilie unterstützte die deutsche Frauenbewegung und hatte deren Vertreterinnen zu Gast, was den Rügener Adel aufs Höchste empörte. Darum kümmerte sie sich aber herzlich wenig, sondern spendete eine Million Reichsmark für den Bau des Charlottenburger Studentinnenstifts, das jungen Frauen den Zugang zur Universität ermöglichte. Nach ihrem Tod verkauften die Erben Schloss und Park an die Stadt Sassnitz, die angeblich vorhatte, darin ein Spielcasino und ein Kreideheilbad zu eröffnen.

In Wahrheit gab es geheime Absprachen mit der Marineführung in Kiel, die dort eine Garnison einrichten und den Kaufpreis niedrig halten wollte. So zog im März 1936 die Kriegsmarine in Dwasieden ein und der wortbrüchige Bürgermeister Malsfey ließ alle Sassnitzer Sirenen heulen. Die heulten auch im Sommer 1948, als das Schloss zur »Baustoffgewinnung« in die Luft gejagt wurde. Der Journalist Ralf Lindemann hat die Geschichte vom »Weißen Schloss am Meer« und seiner Zerstörung aufgeschrieben. Heute würde die Stadt aus dem verwilderten Anwesen gern ein Kurgebiet mit Ferienwohnungen machen, um endlich mit dem Titel »Ostseebad« werben zu können. Dafür braucht es nicht nur idyllische Landschaften, sondern auch einen Badearzt und ausgebildetes Personal. Für die Erschließung einer Thermalquelle sind schon Unsummen an Fördergeldern im Dwasiedener Wald verbohrt worden, aber es scheint ein Fluch auf der Ruine zu liegen. Die Finanzkrise hat erst einmal allen

Bäderplänen einen Strich durch die Rechnung gemacht und langsam überwuchert das Unterholz die letzten Trümmer von Schloss und Marstall. Man kann aber immer noch die Spuren der alten Parkanlage erkennen, wenn man vom Waldfriedhof in Richtung Hochufer wandert. Falls Sie mit dem Fahrrad unterwegs sein sollten, biegen Sie hinter dem Golfplatz auf den Feldweg in Richtung Dubnitz ein und folgen dann dem Radweg. Ansonsten nehmen Sie den Bus von der Schlossallee und fahren weiter bis nach Mukran.

Die Schmale Heide

Mukrans Name leitet sich von den »feuchten Wiesen« zwischen Wostewitzer Seen und Schmaler Heide ab und wurde 1318 erstmals urkundlich als »Mocran« im Besitz des Hauses Putbus erwähnt. Später kam das kleine Weilerdorf zum Stralsunder Heilgeist-Kloster, bis es Adolph von Hansemann für sein Rittergut Lancken zukaufte. Mukran war nach dem Zweiten Weltkrieg der Hausstrand der Sassnitzer und besaß mit dem »Hülsenkrug« eines der ältesten Gasthäuser Rügens. Noch beliebter war die »Kogge«, ein zur Piratenkneipe umgebauter Fischkutter, in dessen Kajüte wir in den Siebzigerjahren viele Familienfeiern abgewettert haben. Aber dann streikten im Sommer 1980 die Werftarbeiter in der »Lenin-Werft« von Gdansk. Die Gründung und Zulassung der Gewerkschaft »Solidarnosc« lieferte den führenden Genossen in Moskau und Berlin einen Anlass, die hohen Transitgebühren durch das sozialistische Bruderland Polen einzusparen. Besorgt, dass die Militärtransporte von der Sowjetunion in die DDR in Zukunft gefährdet sein könnten, entschieden die Politbürokraten, eine Fährverbindung zwischen dem lettischen Klaipeda und Mukran einzurichten. Ab 1982 rollten schwere Baufahrzeuge an und verwandelten die unberührte Natur zwischen Prorer Wiek und Wostevitzer Teichen in eine Schlammwüste. Der verhaltene Protest einiger Naturschützer wurde niedergebügelt, die »Kogge« abgefackelt und für zwei Milliarden Ostmark eine gigantische Hafenanlage in die Landschaft betoniert. Die Wismarer »Matthias-Thesen-Werft« baute fünf Spezialfähren mit Doppelhüllenrumpf gegen Torpedos und geheimen Truppentransportdecks. Im Oktober 1986 fand die Eröffnung des Fährhafens mit viel Pomp und Parteiprominenz statt, mit dem Ende der DDR drei Jahre später stand er vor dem wirtschaftlichen Aus. Ironischerweise konnte der gigantische Komplex dann ausgerechnet durch den Abzug der Roten Armee aus Ostdeutschland gerettet werden. Zwischen 1991 und 1994 wurden mehr als eine Million Tonnen Militärtechnik und eine halbe Million Soldaten über Mukran in die Sowjetunion verschifft, also in die entgegengesetzte Richtung als ursprünglich geplant.

Die Bundesrepublik ließ sich diese Abrüstungsmaßnahme 15 Milliarden D-Mark kosten, will man den offiziellen Zahlen glauben. »Mit dem Beginn des Truppenabzugs auf dem Seeweg begann für den Fährhafen Mukran ein neues Leben«, schrieb der Oberkommandierende der Sowjetischen Streitkräfte in Deutschland, Generaloberst Burlakow, in seinen Erinnerungen. »Ich sah die leuchtenden Gesichter der Männer, die die Fähre bedienten. Sie hatten wieder einen sicheren Arbeitsplatz.« Aber dafür gab es in diesem historischen Moment auch noch andere Gründe.

Seitdem geht es im Fährhafen Mukran wesentlich ziviler zu und Sie können von hier aus nicht nur nach Klaipeda und Kaliningrad, sondern auch nach Bornholm und Trelleborg reisen. Die Gerüchte über dubiose Deals und geheime Frachten auf den russischen Linien gehören zur beliebten Verschwörungsfolklore, seit die »Estonia« 1994 vor der finnischen Küste gesunken ist. Wirklich Abenteuerliches über Mukran erzählt der Hamburger Journalist Wolfgang Klietz in seinem Buch über »Ostseefähren im Kalten Krieg« vom

Geheimprojekt 3700 bis zu den Planspielen für den Dritten Weltkrieg auf Rügen. Die gehen bis auf Stalin zurück, der verdutzten polnischen Exilpolitikern, die auf einer Geheimkonferenz in Moskau 1944 Rügen für ihr neues Staatsgebiet forderten, lakonisch mitteilte: »Das geht noch nicht. Rügen könnt ihr erst nach dem Dritten Weltkrieg haben.«

Feuersteinfelder

Am Ortsausgang von Mukran finden Sie rechts einen kleinen Parkplatz mit einem Hinweisschild auf die »Feuersteinfelder«. Folgen Sie den Wegweisern und nach einer Viertelstunde Wanderung durch den Kiefernwald stehen Sie am Rande des »Steinernen Meers«, das sich zwei Kilometer weit zwischen Heidekraut und Wacholderbüschen in Richtung Lietzow und Schifferberg erstreckt. Die Geologen vermuten, dass eine Sturmflut die bis zu einem Meter starken Steinwälle aus der Ostsee geschleudert hat. Meine Mutter suchte hier gern Blaubeeren, mir waren die Feuersteinfelder wegen der Mücken und der Kreuzottern suspekt. Aber wenn Sie feste Schuhe, Wasser und Mückenspray mitnehmen, kann Ihnen nicht viel passieren. Sollte sich eine Kreuzotter auf Ihrem Weg oder im Heidekraut sonnen, lassen Sie sie in Ruhe, denn die Feuersteinfelder sind Naturschutzgebiet, und der nächste Arzt wohnt in Binz.

Von Mukran führt die alte Panzerstraße durch das ehemalige militärische Sperrgebiet der Schmalen Heide bis nach Prora, dessen »Längstes Haus Europas« Sie ja schon aus dem Bäder-Kapitel kennen. Bringen Sie viel Zeit mit, um das ehemalige KdF- und Kasernengelände zu besuchen, denn es gibt neben der Ausstellung im Dokumentationszentrum Prora auch zwischen den Ruinen der Großen Empfangshalle und den Kaianlagen am Strand jede Menge Geschichte zu entdecken. Sind Sie aber gegen Gigantomanie allergisch, dann fahren Sie einfach weiter bis nach Binz.

Die Ostseebäder

Binz, Sellin und Göhren gehören seit Ende des 19. Jahrhunderts zu den bekanntesten Ostseebädern Rügens. Sie haben sich aus kleinen Fischerdörfern zu mondänen Villenstädtchen, bürgerlichen Hotelburgen und sozialistischen Massentourismuszentralen entwickelt, bis sie nach 1989 zum gegenwärtigen Nebeneinander von Eleganz und Eklektizismus ausgebaut wurden. Für uns Jasmunder waren das fremde Welten und der Gedanke, sich hier in einen Strandkorb zu zwängen und die Ostsee mit Hunderten von Sonnen- und Salzwassersüchtigen zu teilen, vollkommen absurd. Viele Rüganer blicken auf diese Urlaubsfreuden noch heute wie die alten Fischer auf die ersten Badegäste. Aber es gibt ja auch Menschen, die freiwillig Fanmeilen und Technokeller besuchen und dafür Eintritt bezahlen. Der Eintritt in die Ostseebäder heißt Kurtaxe und ist, weil eine der wenigen Einnahmequellen der Gemeinden, heiß umstritten. Man kann sie als eine Art Vergnügungssteuer für die Nähe zu den anderen Badegästen und für den Erhalt der Seebrücken und Promenaden ansehen. Sollten Sie es allerdings als eine Zwangsabgabe empfinden, weichen Sie besser auf eines der Dörfer von Mönchgut oder West-Rügen aus und fahren zu den Stränden von Lobbe oder Ummanz. Aber Gesellschaft und Gesehen-Werden hat nun mal seinen Preis.

Ostseebad Binz

Auch »Byntze« gehörte im Mittelalter der Herrschaft von Putbus, die das Dorf aber im 15. Jahrhundert an den Bischof von Roeskilde verpfändete und erst 1780 wieder einlöste. Die ersten Badegäste kamen um 1860 an den Binzer Strand und sorgten mit ihrer Begeisterung über den feinen Sand und das klare Ostseewasser dafür, dass der kleine Weiler Sassnitz bald starke Konkurrenz bekam. Als 1893 das »Kurhaus« eröffnete, galt Binz bald als »elegantes Bad von Welt-ruf« und Adel, Bankiers und Industriekapitäne flanierten auf der Strandpromenade. Auch ich musste in meiner Kindheit endlose Sonntagnachmittagsstunden im »Kurhaus« verbringen, wenn meine Mutter zum Tanztee kam, um ihren Aufstieg von der Waldarbeitertochter zur Sparkassendirektorin zu genießen. Das hat mein Verhältnis zu dem damals schon leicht ramponierten Badeort lange getrübt. Erst die Freundschaft zu dem Binzer Literaturprofessor Karl Ewald Tietz, der sich nach seiner Emeritierung von der Greifswalder Universität um den Aufbau der Arndt-Gesellschaft und den Literaturkreis verdient machte, konnte meine Abneigung etwas mildern. Professor Tietz hat mit seinen Herausgaben von Rügener Sagen- und Märchensammlungen nicht nur das Werk von Alfred Haas fortgesetzt, sondern auch der Gegenwartsliteratur im Hotel »Vier Jahreszeiten« einen Ort für Lesungen und Gespräche geschaffen. Seit seinem Tod ist es still um die Literatur in Binz geworden und die Kurverwaltung verwendet ihr Budget lieber für Feuerwerke und Strandpartys.

Wenn Sie es irgend einrichten können, kommen Sie nicht zur Hochsaison nach Binz, denn dann ist es auf der Strandpromenade so voll wie beim Sommerschlussverkauf. Auch im Frühjahr oder im Herbst kann man hier noch sehen und gesehen werden, falls Sie Wert darauf legen. Falls nicht, gehen Sie von der Seebrücke nach rechts, bis Sie vor Ulrich Müthers weißem Rettungsturm stehen, der wie ein UFO über der Stranddüne schwebt. Auch Müther war Binzer und seine Hyparschalen- und Spritzbetonbauten werden inzwischen wieder als das angesehen, was sie immer waren: architektonische Meisterwerke. Aber dafür hatten nach 1989 weder die Inselpolitiker noch die Investoren ein Auge und ließen zu, dass viele seiner Bauwerke jahrelang leer standen und vandalisiert wurden. Auch in Berlin riss man das unter Denkmalschutz stehende »Ahornblatt« ab, um ein Mehrzweckgebäude im Schließfachstil zu errichten, der in der deutschen Hauptstadt zum architektonischen Nonplusultra geworden ist. Als der »Landbaumeister von Rügen« erkannte, dass die heutigen Baubeamten Schinkel und Gropius vor allem deshalb schätzen, weil sie tot sind, sanierte er einige seiner Bauten auf eigene Rechnung. Aus diesem Grund gibt es den Rettungsturm noch heute. Darin können Sie heiraten und anschließend baden gehen.

Vom futuristischen Müther-UFO bis zur gründerzeitlichen Strandhalle sind es nur ein paar Schritte, aber die lohnen sich. Hier gibt es regionale Küche vom Feinsten, und bevor ich in die Granitz wandere, trinke ich gern ein Störtebeker-Bier und schaue nach Sassnitz hinüber. Denn das Schönste an Binz ist der Blick über die Ostsee nach Jasmund, auch wenn die Binzer das nicht gerne hören.

Das Zweitschönste an Binz ist ein Spaziergang durch die Granitz zum Jagdschloss, der gleich hinter der »Strandhalle« beginnt. Er führt durch einen dichten Buchenwald bis zum Tempelberg, auf dem das imposante Schloss mit seinen fünf Türmen in den Himmel ragt. Granitz bedeutet so viel wie »Grenzort« und die Herren zu Putbus achteten streng darauf, dass niemand in ihrem weitläufigen Jagdgebiet herumwilderte.

Es galt als das wildreichste in ganz Norddeutschland und mein Onkel Otto, der ein passionierter Jäger war, brachte uns von hier manchmal Wildschweinsteaks und Rehleber und nahm dafür Räucherflundern und Salzheringe mit nach Binz zurück. Der Tauschhandel blühte in der DDR auf allen Feldern und lange bevor die Idee der Tauschbörse bei den Konsumverweigerern aufkam. Wenn Sie schwindelfrei sind, werden Sie nach dem Aufstieg über die 145 Stufen der Wendeltreppe im Schinkelturm mit einer grandiosen Aussicht über die Insel belohnt. Wenn nicht, bleiben Sie unten und steigen in die Kellergewölbe der »Alten Brennerei« hinab und trinken einen Jägermeister, bis Ihre Mitreisenden Ihnen die Bilder von oben herunterbringen. Der Hochuferweg führt vom Jagdschloss weiter in Richtung Sellin, wo Sie die nächste Pause einlegen dürfen.

Ostseebad Sellin

Auch das Fischerdorf Sellin gehörte früher zum Putbusser Besitz und entwickelte sich erst ab 1880 zu einem beliebten Badeort. Es verdankt seinen Namen der grünen Umgebung und seinen Ruf der Seebrücke, die heute zu einem Wahrzeichen für die Insel geworden ist. 1906 errichtet, wurde sie immer wieder von Stürmen und Packeis zertrümmert und 1978 aus Geldmangel ganz abgerissen. Erst nach 1989 erreichte der legendäre Strandfotograf Hans Knospe mit viel Elan und Humor, dass man sich zum Wiederaufbau entschloss. Da es keine Baupläne mehr gab, war man auf Hans Knospes Fotografien aus den Zwanziger- und Dreißigerjahren angewiesen, als er auf dem Seebrückensteg UFA-Prominenz wie Anny Ondra und Victor de Kowa fotografiert hatte. Der Ruf von Sellin lockte sogar Christopher Isherwood und W. H. Auden im Sommer 1932 von Berlin nach Rügen. Den beiden Schriftstellern verdarben allerdings die vielen Hakenkreuzfähnchen an den Villenfenstern und Strandburgen die Urlaubslaune und sie reisten bald wieder ab.

Heute erstrahlt die Seebrücke nach ihrer Wiedereröffnung im Sommer 1998 in altem Glanz. Sie erreichen sie über die Himmelsleiter und können im Seebrückencafé Ihren Espresso trinken und auf einen Dampfer warten, der Sie nach Göhren oder Sassnitz bringt. Wenn Sie aber vorher noch sehen wollen, wie die Parteiprominenz der DDR Sommerferien gemacht hat, müssen Sie das »Cliff-Hotel« besuchen. Um dieses Haus gab es mindestens so viele Gerüchte wie um die Politbürosiedlung von Wandlitz. Aber eine Bekannte meiner Mutter, die an der Bar arbeitete und zur Geheimhaltung verpflichtet war, winkte immer nur ab. Sie war mit einem Handwerksmeister verheiratet und somit Besseres gewohnt, weil der über ausgezeichnete Beziehungen verfügte. Das Schwimmbad von Ulrich Müther und den Fahrstuhl zum Meer dürfen heute auch parteilose Gäste benutzen und im Wellnessbereich »rülaxen«. Diesen Begriff hat ein Wellnesspoet erfunden, aber die Saunen und Massagen im »Cliff« sind eine Reise wert. Auf der Strandterrasse können Sie danach das »Neue Deutschland« lesen, Krimsekt trinken und sich fühlen wie Honecker auf Rügen – vor der Wende, versteht sich.

Falls Sie auf dieses Gefühl keinen Wert legen, besuchen Sie das kleine Museum »Seefahrerhaus« am Selliner See, in dem der Ortschronist Gerhard Parchow eine vorzügliche maritime Sammlung ausgestellt und in dem das Archiv des Inselhistorikers Wolfgang Rudolph einen sicheren Hafen gefunden hat. Nach dem Museumsbesuch erwartet Sie schon das nächste Ostseebad.

Ostseebad Göhren

Göhren leitet seinen Namen vom slawischen »Gorna« ab und liegt tatsächlich auf »hügeligem Land« über der Ostsee. Fürst Jaromar II. verkaufte das Fischerdorf 1290 an das Kloster Eldena und noch 1867 gab es ganze 26 Häuser mit 150 Einwohnern. Aber ab 1877 begann auch in Göhren das Badeleben und nach dem Anschluss an die Rügener Kleinbahn kamen die Sommergäste in Scharen. 1886 stieg die Gräfin Adeline von Schimmelmann, Hofdame der Kaiserin und wohlhabende Missionarin, durch einen Irrtum in Göhren statt in Thiessow aus. Sie war entsetzt über die Zustände, in denen die Saisonfischer hier ihr Leben zwischen Fang und Fusel fristeten. Daraufhin richtete die Gräfin am alten

»Solthus« eines der ersten Seemannsheime Deutschlands ein und versorgte ihre Fischer mit Schlafstellen, warmen Suppen und frommen Traktaten. Die Pensionsbesitzer und Gastwirte sahen so viel christliche Nächstenliebe mit Missmut und machten ihr das Leben schwer, wo sie nur konnten. Ihr zweites Seemannsheim auf der Greifswalder Oie wurde in Brand gesteckt und auch Göhren musste sie nach mehreren unmissverständlichen Drohungen schließlich verlassen. Auf ihrer Segeljacht »Taube« reiste sie bis nach Skandinavien und England und hielt in den USA und Kanada Vorträge über den Segen der Seemannsmissionen. Von der eigenen Familie wegen angeblicher Verschwendungssucht in Dänemark ins Irrenhaus gesteckt, kam sie erst nach politischer Intervention im dänischen Parlament wieder frei und starb 1913 verarmt in Hamburg.

Diese und viele andere Göhrener Geschichten erfährt man im Mönchgut-Museum, das die Kapitänstochter und Lehrerin Ruth Bahls mitbegründet hat und zu dem auch noch das »Rookhus« an der Thiessower Straße, der Museumshof und das Museumsschiff »Luise« am Südstrand gehören. Hier kann man auch viel über die dunkleren Seiten der strahlenden Seebäder lernen: über den Antisemitismus, der schon in den Zwanzigerjahren unverhohlen verkündete, welche Orte »keine Luxusbäder und judenfrei« waren und über die »Arisierung« jüdischer Hotels und Pensionen nach 1933. Oder über die »Aktion Rose«, die die SED, die Sozialistische Einheitspartei, im Februar 1953 durchführen ließ, um private Villen zu enteignen und sie dem Feriendienst ihrer Einheitsgewerkschaft FDGB zu übertragen. Über diese Schattenseiten geht die Geschichtsschreibung der Tourismusvereine meist stillschweigend hinweg und schafft so den erstaunlichen Anschluss von der glanzvollen Kaiserzeit an die noch glänzendere Regentschaft Angela Merkels, die auf der Insel als eine Art Kaiserin-Mutti verehrt wird.

Die Bundeskanzlerin bedankt sich für so viel Anhänglichkeit mit regelmäßigen Besuchen in ihrem Wahlkreis und der Unterstützung von Bauwerken wie der Rügenbrücke und der B 96n, die sich kosten- und terminmäßig langsam dem Flughafen Berlin-Brandenburg nähert.

Göhren hat neben seiner Seebrücke, den Museen und seinen zwei Stränden auch jede Menge Gaststätten und Fischbistros zu bieten. Ich sitze immer gern auf der Terrasse der »Muschelbar« am Strandweg mit Blick auf den »Buskam«, den größten Findling an der deutschen Ostseeküste. Sein Name bedeutet so viel wie »Gottesstein« und bei Sonnenaufgang sollen sich Meerjungfrauen auf ihm versammeln. Ich habe bisher vergebens auf sie gewartet, aber in jüngster Zeit wurden immerhin ein paar Seehunde gesichtet.

Mönchgut

Das Mönchgut war nie durch eine Wasserstraße von Rügen getrennt, sondern nur durch den »Mönchsgraben« zwischen Ostsee und Selliner See, einen schmalen Wallgraben aus der Slawenzeit. Dennoch haben die Bewohner dieser Halbinsel ihre Traditionen und Trachten länger bewahrt als die der anderen Inselteile. Das »Land Reddevitz« wurde schon 1252 von Jaromar II. den Mönchen des Zisterzienserklosters Eldena zum Lehen gegeben. 1360 kaufte ihr Abt Martin die Halbinsel Zicker dazu und so entstand »dat Moenneken Gaud«. Die Mönche holten Bauern aus Niedersachsen zur Bewirtschaftung, woran die Hallenhäuser in Middelhagen und Groß Zicker noch heute erinnern. Die neuen Siedler legten ihre Äxte und Hacken an die Waldbestände und schufen das Acker- und Weideland zwischen Teschenberg und Südperd.

Auch das Mönchgut ist eine Landschaft der Märchen und Sagen, aber die erzählen eine etwas andere Geschichte seiner Entstehung. Danach war die Halbinsel in grauer Vorzeit größer und vom heutigen Ruden nur durch einen schmalen Graben getrennt, über den ein Steg aus Pferdeschädeln führte. Einst wollte eine Frau aus Thiessow diesen überqueren, aber das Wasser hatte einen der Schädel fortgespült. Um trockenen Fußes auf die andere Seite zu kommen, warf sie einen Brotlaib in den Graben. Auf der Stelle brach eine schwere Sturmflut los und begrub weite Teile des alten Mönchguts unter sich, von dem danach nur noch die Greifswalder Oie und der Ruden aus dem Wasser ragten. Das stürmische Strafgericht hinterließ das »Neue Tief« und eine ewige Mahnung, mit Gottes Gaben kein Schindluder zu treiben. Historisch ist diese Sturmflut und die Entstehung des Tiefs wohl auf die Allerheiligenflut von 1309 zurückzuführen, mit der die Aufzeichnungen zu den schweren Stürmen an der Ostseeküste beginnen.

Höllische Nachtjäger sollen seitdem Jagd auf die weißen Weiber von Svantegard machen und mein Onkel Albert jagte mir gern Angst mit dem Aufhocker ein, der auf dem Reddevitzer Höft sein Unwesen treibt. Sitzt er einem im Nacken, kann man ihn nur loswerden, wenn man sich bis zum Hals ins kalte Wasser stürzt. Auch der Hausgeist Puk soll noch in einigen Häusern anzutreffen sein und bei guter Behandlung für Wohlstand sorgen, was an den neuen Reetdachvillen und den Nobelkarossen davor zu erkennen ist.

Die Mönchguter Tracht stammt ursprünglich aus Niedersachsen, wie auch manche Lieder und Tänze. Die Männer trugen Schiffermütze, eine schwarze Wolljacke mit hohem Kragen, weiße Pluderhosen und Fischerstiefel, die Frauen eine doppelte Haube, ein »Bostdauk« mit Perlen- und Spitzenbesatz, viele lange Röcke mit einer bunten Schürze darüber. Diese Kleidung wurde zu feierlichen Anlässen bis zum Anfang des 20. Jahrhunderts getragen. Heute sieht man sie nur noch, wenn die Mönchguter auf Bäderfesten für die Touristen ihren »Schüddel-de-Büx« tanzen und dazu singen:

»Schüddel, schüddel, schüddel de Büx,
nich tau langsam, nich tau fix.
Sühst du woll, so geiht dat fein,
dat versäkert jeder ein!«

Der Tanz ist eine Art Quadrille, bei der Pluderhosen und Röcke ordentlich geschüttelt werden müssen, und das Lied besingt genau das.

Die niedersächsischen Mönchguter waren nicht weniger prinzipienfest als alle anderen Norddeutschen, weswegen es bald Ärger gab. Seitdem nennen die Rüganer sie »de Pooken«, weil sie bei Schlägereien schon mal ihre Fischermesser zückten und sich die »Kollen« damit vom Leibe hielten. »Kollen« nannten sie die Rüganer, weil diese sich gegen ihre Angriffe mit langen Knüppeln – von den Mönchgutern als »Kolben« verspottet – zur Wehr setzten. So handfest geht es heute nicht mehr zu. Aber ihren niedersächsischen Humor haben die Mönchguter nicht verloren. Achten Sie bei einem Gespräch immer auf die Zwischentöne. Die Pooken freuen sich genauso wie die Kollen, wenn sie einem Besucher vom Festland einen ordentlichen Seebären aufgebunden haben und der den anschließend über die ganze Insel trägt.

Ihr Geld verdienten die Mönchguter auf ihren Bauernhöfen und mit Küstenfischerei. »Das Wasser ist ihr Element«, schrieb der Rügenreisende Karl Ludwig Nernst 1799, »und aus den Tiefen derselben schöpfen sie ihren Unterhalt und ihren Reichtum.« Das taten sie in sogenannten Reusenkompanien, auch Fischerkommünen genannt, in denen sie die teuren großen Herings- und Aalreusen zu gleichen Teilen finanzierten und auch die Fänge aufteilten. Die Heringssaison liegt im Frühjahr zwischen März und April, während Aal vor allem im Herbst gefangen und geräuchert wird. Deshalb wurden die Reusen schon im Februar beziehungsweise im September aufgestellt. Nach so langer Zeit mussten sie im Salzwasser dann nach jeder Saison erneuert oder ersetzt werden, was sich ein einzelner Fischer kaum leisten konnte. Diese Kommünen schufen nicht nur einen starken Zusammenhalt der Fischerfamilien, sondern gewährleisteten auch die Weitergabe der Erfahrungen über besonders ertragreiche Fanggründe und die effektivsten Konstruktionen der Reusen.

Heute ist auch die Küstenfischerei durch die Politik der EU-Fischereikomission ein aussterbendes Gewerbe, das kaum noch Butter bei die Fische bringt. Immer mehr junge Männer geben den Traditionsberuf ihrer Familien auf und suchen ihre Zukunft anderswo. Aber noch heute kommt ein echter Mönchguter nach langen Jahren auf fremden Schiffen im Alter gern wieder in die »Döns«, die Wohnstube seiner Familie, zurück. Wenn Sie das Mönchgut durchwandert haben, werden Sie verstehen, warum.

Middelhagen

Middelhagen gehörte ebenfalls dem Kloster Eldena und seine Pfarrkirche ist der heiligen Katharina geweiht. Das kleine Gotteshaus wurde im 15. Jahrhundert auf einem Findlingssockel aus Backsteinen errichtet und hatte, wie alle Zisterzienserkirchen, keinen Turm. Aber nach der Reformation wollten die Middelhagener auch sonntägliches Glockengeläut hören, deshalb wirkt der hölzerne Turm ein bisschen aufgesetzt. Umso schöner ist der gotische Katharinenaltar von 1480, der die Lebens- und Leidensgeschichte der Schutzheiligen aller Philosophen und Stotterer erzählt und mit einem filigranen Fischblasen-Maßwerk geschmückt ist. Der Altar kam gegen 1631 von Stralsund nach Middelhagen, nachdem Gustav II. Adolf das Mönchgut an die Hansestadt verpfändet hatte. Dass auch die Middelhagener kühne Seefahrer waren, zeigt das Votivschiff »Perth 1842«, das unter vollen Segeln durchs Kirchenschiff schwebt.

Wenn Sie verzückte Freizeitmaler mit ihren Staffeleien auf dem Kirchhof sehen, wundern Sie sich nicht. Sankt Katharina hat schon immer eine besondere Faszination auf Maler und Grafiker ausgeübt. Adolph von Menzel skizzierte 1851 die Kirche auf seiner Malerfahrt über Rügen und Lyonel Feininger kam zwischen 1892 und 1907 sechs Sommer lang aufs Mönchgut, um hier zu zeichnen. Von Elisabeth Büchsel und Edith Dettmann gibt es wunderbare Landschaftsbilder, die Sie im Kulturhistorischen Museum von Stralsund finden. Middelhagen ist ein inspirierender Ort geblieben: Die Jazzsängerin und Komponistin Jorinde Jelen, deren hochgelobtes Album »Vermischung« 2011 für Aufsehen sorgte, hat als Kind in Sankt Katharina gesungen und mit ihren Eltern im nahe gelegenen Pfarrhaus musiziert. Dies war schon zu DDR-Zeiten ein Ort von Zivilcourage und Bürgersinn. Pfarrer Frieder Jelen organisierte von hier aus seit 1987 ein »Aktiv für Umwelt und Landschaftsschutz«, das sich im Gasthof »Walfisch« in Lobbe traf und dessen Diskussionsabende immer gut besucht waren, natürlich auch von der Staatssicherheit. Aus diesem Aktiv ging 1990 der Verein »Insula Rugia« hervor, der sich bis heute gegen die staatlich subventionierte Zerstörung der Insel engagiert.

Gleich neben der Kirche steht das Schulmuseum, in dem der Alltag in einer »hölten Tüffelschool« lebendig wird, jenen einklassigen Dorfschulen, die wir Holzpantoffelschule nennen. Hier wurde bis zu Beginn des 20. Jahrhunderts den Rügener Kindern das Alphabet, das Einmaleins und der Kleine Katechismus mit Rohrstock und Backpfeifen beigebracht. Mein Onkel Paul erzählte mir, diese Unterrichtspraxis sei selbst noch in seiner Schulzeit gang und gäbe gewesen. »Komm her, Paulinchen!«, rief Lehrer Koch, wenn er meinte, dass es mal wieder an der Zeit für eine Abreibung war. »Ick heff doch gor nix mockt, Herr Liehrer!«, verteidigte er sich dann. »Nix mockt? Dat mockt nix, dat is prophylaktisch«, war dann die lakonische Antwort. Mein Onkel hatte keine Ahnung, was prophylaktisch bedeutete, hegte aber danach zeitlebens eine Abneigung gegen Fremdwörter. Zu meiner Schulzeit herrschte sozialistische Pädagogik, wobei die Lehrer zu Elternbesuchen nach Hause kamen und die Prophylaxe dann unseren Vätern überließen, was nicht weniger schmerzhaft war.

Auf der anderen Straßenseite steht der älteste Landgasthof Rügens mit dem schönen Namen »Zur Linde«, in dem schon die Zisterzienser ihr selbst gebrautes Bier an müde Reisende ausschenkten, und das fließt bis heute.

Hier können Sie auch Fahrräder ausleihen und in Richtung Groß Zicker weiterfahren.

Groß Zicker und Thiessow

Groß Zicker und das Zickersche Höft sind meine Lieblingsorte auf Mönchgut, weil diese Landstriche etwas vom Rügen meiner Kindheit bewahrt haben. Hier gibt es noch reetgedeckte Fischerkaten mit Stockrosen und Hofpumpe, Kopfsteinpflasterstraßen und Feldwege ohne Asphaltdecke und keine Tetrapak-Hotels, die die Sicht auf Ostsee und Bodden verstellen. Auch das ist den Naturschützern zu danken, die Mönchgut nach 1989 als Biosphärenreservat unter Schutz stellen ließen. Hier ist es möglich, auf den Deichen von Middelhagen bis nach Klein Zicker zu radeln, ohne um ein Ressort oder einen Golfplatz herumkurven zu müssen. Groß Zicker verdankt seinen Namen der Meise, slawisch »sikor«. Die wurde nicht durch reichliches Fischfutter besonders groß, sondern kam häufig vor, genau wie die Uferschwalbe am Saalsufer im gegenüberliegenden Klein Zicker.

Die Literaturwissenschaftler haben das sagenhafte »Tikarey« aus der Knytlingasage mit Zicker in Verbindung gebracht. Wenn das stimmt, dann muss hier das Heer von

Knut von Dänemark auf seinem Feldzug gen Voztrosa gelandet sein, und auch das Mönchgut hätte seinen Platz in der Weltliteratur. Heute steht Groß Zicker unter Denkmalschutz und vom Bakenberg aus schaut man weit über die Having und das Zickersche Höft ins Mönchguter Land. Sehenswert ist auch das Pfarrwitwenhaus von 1723, einer der ältesten Rauchkaten Rügens, der früher als Alterssitz für verwitwete Pfarrersfrauen diente und heute eine Galerie ist. Die Kirche von Groß Zicker liegt am Dorfeingang und ist mit bemalten Glasscheiben geschmückt, die dankbare Seefahrer nach ihrer Rückkehr um 1595 stifteten.

Einen wunderbaren Blick über die Zickerschen Berge hat man von der Terrasse des »Taun Hövt« am anderen Ende des Dorfs. Wenn Sie hier einen Fisch gegessen und einen Aquavit getrunken haben, gelangen Sie problemlos auf dem Uferweg nach Gager, wo Sie im »Port« schon der nächste kulinarische Hafen mit eigener Lachs-Manufaktur und guter Weinkarte erwartet. Was Essen und Trinken betrifft, haben die Mönche Qualitätsmaßstäbe hinterlassen.

Von Groß Zicker aus führen Fahrradweg und Landstraße nach Thiessow an die Südspitze des Mönchguts. Dort befand sich die älteste Lotsenstation der Insel, deren Geschichte bis in das Jahr 1630 zurückgeht. Die Schiffe aus der Nord- oder Ostsee brauchten hier Lotsen, die sich mit den Untiefen und Strömungsverhältnissen auskannten. Diese »Piloten«, wie sie damals hießen, waren fast alle weit gereiste Kapitäne und der Lotsenbrief die Krönung ihres langen Seemannslebens. Der preußische Staat stellte sie als Beamte ein und finanzierte 1884 den Lotsendampfer »Thiessow«, der bis 1931 im Dienst war. Heute kann man den Turm auf dem Lotsenberg besteigen und die kleine Hütte besuchen, in der die diensthabenden Lotsen Schutz vor Wind und Wetter suchten. Nach 1945 wurde die Station aufgelöst und die Fahrrinne ausgebaggert, um auch größeren Frachtern die Einfahrt in den Sund zu ermöglichen. Der Strand von Thiessow ist im Sommer ein Badeparadies, und wenn die Sonne es gut meint, können Sie hier noch Anfang Oktober in die Ostsee gehen.

Die äußerste Landspitze des Mönchguts endet in Klein Zicker, mit dem Gustav IV. Adolf um 1806 Großes vorhatte. Wegen der geschützten und eisfreien Lage zwischen Kaming und Zickerschem See wollte der Schwedenkönig die Boddenwiek zu einem Hafen ausbauen und die Seestadt »Gustavia« gründen, die eine Werft, eine Seefahrtsschule und sogar ein Theater bekommen sollte. Man hatte schon mit den Vorarbeiten begonnen, als die Napoleonischen Kriege den königlichen Plan durchkreuzten und Rügen um seine Schwedenstadt brachten.

Meine Mutter kam gern mit unseren Gästen hierher, weil Thiessow angeblich die gesündeste Luft der ganzen Insel hat und sie einen Fischer kannte, bei dem sie für Westzigaretten Räucheraal bekam. Die Thiessower waren die ersten Reusenfischer des Mönchguts und sind noch heute Räucherspezialisten. Überprüfen lässt sich das im »Zollhaus« oder in »Kliesows Reuse« in Alt Reddevitz.

Und wenn Sie schon mal dort sind, sollten Sie einen Ausflug bis zum Ende vom Reddevitzer Höft machen, von wo Sie schon das Ufer der Insel Vilm sehen.

Putbus und die Goor

Bevor wir uns zur Insel Vilm aufmachen, bietet sich ein Abstecher nach Putbus an. Dazu müssen Sie auf der alten Landstraße 196 bis Lancken-Granitz zurückfahren und nehmen dann am besten den Abzweig in Richtung Stresow, der über Nadelitz nach Vilmnitz führt. In der Kirche dort befinden sich Familiengräber der Herren und Damen zu

Putbus, die Wände sind mit ihren Renaissance-Epitaphen geschmückt. Das kleine Gotteshaus soll Ende des 12. Jahrhunderts von Stoislaw zu Putbus als Begräbniskirche errichtet worden sein und Vilmnitz war somit der fürstliche Friedhof vor den Toren von Putbus.

Putbus

Die Residenzstadt selbst wurde von Wilhelm Malte I. zwischen 1808 und 1823 auf dem Reißbrett entworfen, was man ihr noch heute ansieht. Neben dem Fürstensitz mit Schloss, Park und Theater sollte ein eleganter Badeort nach dem Vorbild von Heiligendamm entstehen. Dafür ließ der Fürst bei Lauterbach ein Badehaus an der Goor erbauen, das mit seinen weißen Säulen etwas überproportioniert wirkt.

Für die klassizistische Anlage der Stadt mit dem Rondell des Circus und dem Karree des Marktplatzes zeichnete Gottfried Steinmeyer verantwortlich, der aus seiner Bewunderung für Schinkel keinen Hehl machte. Der Landschaftspark mit den alten Ahornbäumen, Blutbuchen und Tannen ist ein Werk des Gärtners Halliger, dem der Fürst Ansichten der pücklerschen Parks von Branitz und Muskau vorgelegt hatte. Hier finden Sie Exoten wie die Japanische Sicheltanne und den Mammutbaum, die im Gegensatz zum Schloss die Zerstörungswut der Sieger der Geschichte überdauert haben. Die Sieger von damals ließen ihre Minderwertigkeitskomplexe noch an der Architektur ihrer Vorgänger aus, den Siegern von heute entgehen auch die Bäume nicht mehr.

Der Putbusser Park ist in dieser Hinsicht letztes Refugium, und man fühlt sich in ihm wie aus der Zeit gefallen. Bismarck arbeitete hier im Hotel »Nordischer Hof« im Herbst 1866 zwei Monate lang am Verfassungsentwurf für den »Norddeutschen Bund«, der später zur Grundlage für die Verfassung des Deutschen Reichs wurde.

In meiner Kindheit sind wir oft hierhergekommen, um das Damwild im ehemaligen Jagdgehege zu füttern. Meine Mutter führte ihre neuen Sommerkleider aus und meine Tante Ella zeigte mir Blauregen, Gingko und die Weißbuche mit den zweierlei Blättern. Sie hatte als Mädchen noch das Schloss gesehen, wenn auch nur von fern und von außen. »Wegger so wat Scheunes in de Luft jogt, de hürt gliecks hinnerherschickt!«, sagte sie oft, wenn wir an der verfallenen Pergola am Teich standen – »Wer so was Schönes in die Luft jagt, gehört gleich hinterhergeschickt!«. Dieser Satz hat sich mir eingeprägt und ich frage mich manchmal, ob unter der bunt geblümten Kittelschürze meiner Tante nicht ein flammendes Anarchistinnenherz geschlagen hat.

In der Orangerie sah ich meine ersten Palmen und Papageien und kletterte auf die Marmorlöwen vor der Freitreppe herum, die noch heute zähnefletschend auf einen sterbenden Gallier blicken. Obwohl auch der Marstall, der zur Kirche umgebaute ehemalige Kursaal und das Theater in bedauernswertem Zustand waren, habe ich hier mein Herz an die klassizistische Architektur verloren. Wenn Putbus am Meer liegen würde, wäre es der schönste Ort der Insel. »Die tote Zeit schläft hier und erzählt sich selbst von ihrer Vergangenheit«, schrieb Ludwig Sternaux 1918 in seiner »Herbstfahrt an die Ostsee«. Genau dieses Gefühl hatte ich damals und wollte seitdem wissen, was diese Zeit zu erzählen hat. So kam ich zu Chamisso und Fontane, zu Schumann und Schubert, zu Schadow und Schinkel. Und etwas später zu Goethe, Hegel und Marx.

Das Putbusser Theater gehört zu den schönsten Bühnen Europas und ich war im siebten Theaterhimmel, als wir hier unsere »Faust«-Inszenierung mit der Seebühne Hiddensee im März 2012 als Gastspiel zeigen konnten. Gerhart Hauptmann verewigte das Haus in seinem Roman »Im Wirbel der Berufung«, Wolfgang Koeppen trat im »Weissen Rössl« als

Assessor Bernbach auf und träumte dabei schon von den Brettern Berlins und ihren Königinnen.

Vom Schloss stehen nur noch die alte Pergola und die Treppen zum See. Um auch die versteckten Schönheiten des Parks zu entdecken, sollten Sie von hier aus einmal um den Schwanenteich spazieren. Danach empfehle ich einen Besuch im »Rosen-Café« an der Kastanienallee. Der Hotelier Gerd Raulff hat dieses gastronomische Schmuckstück vor dem Verfall bewahrt, wie auch das Badehaus an der Goor.

Von Lauterbach aus können Sie nach Voranmeldung mit der Reederei Lenz dann zur Insel Vilm übersetzen, der ältesten Naturschatzkammer Rügens.

Insel Vilm

»Ich werde in Zukunft meine Studien wohl nur hier machen, denn reicher habe ich nie ein Land gesehen, selbst Italien nicht.« So enthusiastisch schrieb Friedrich Preller der Ältere 1837 von Rügen aus an seine Frau in Weimar. Er meinte damit auch die Insel Vilm, die er bis 1872 noch vier Mal besuchen sollte.

Der Ort, an dem der Weimarer Hofmaler und Kunstvertraute Goethes am liebsten skizzierte, heißt noch heute die »Preller-Ecke«. Eine der frühesten Ansichten des Vilm stammt von Caspar David Friedrich, die berühmte »Landschaft mit Regenbogen«, die im Frühling 1945 aus Schloss Schwarzburg verschwand und heute wahrscheinlich in einer amerikanischen Privatsammlung hängt. Friedrich sah den Vilm 1801 auf der ersten Rügenreise und seine Begeisterung lockte 1819 Carl Gustav Carus auf die Insel. Carus wiederum hatte Preller von seinen Eindrücken berichtet. Bei seiner letzten Reise 1872 kam Preller schließlich mit seinem Meisterschüler Karl Hagemeister, um den uralten Waldbestand zu zeichnen. So wurde der Vilm langsam zur »Maler-

insel«. Elizabeth von Arnim beschreibt in ihrem Reiseroman
»Elizabeth auf Rügen«, wie sich das Logierhaus im Sommer in eine Künstlerkolonie verwandelte, die Malerinnen
und Maler mit verklärten Blicken auf den Spuren Friedrichs durch den Inselwald streiften und auf Inspiration lau-
erten. Auch König Friedrich Wilhelm IV. und Bismarck
besuchten den Vilm während ihrer Aufenthalte in Putbus
und waren beeindruckt.

Der Name Vilm leitet sich vom slawischen »Ilume« ab,
was Ulme bedeutet. Der Baumbestand der Insel ist über
500 Jahre alt und gehört zu den ältesten in ganz Norddeutschland. Der Legende nach erhob sich die Insel nach
der Sturmflut von 1304 »wie ein grüner Walfisch aus dem
Rügischen Bodden«. Wissenschaftlich erwiesen ist, dass
sie vor mehr als 6000 Jahren aus den Resten eiszeitlicher
Geschiebe entstand. Um 1336 lebten drei Einsiedler auf
dem Vilm und errichteten eine kleine Kapelle, die den
schönen Namen »Zur Jungfrau Maria und den elftausend
Jungfrauen« trug. Ich weiß nicht, ob es damals tatsächlich
noch so viele Jungfrauen auf Rügen gab oder ob das ein
frommer Wunsch der Einsiedler war. Jedenfalls sollen auch
hier Mitglieder des Hauses Putbus und weit gereiste Pil-
ger bestattet worden sein, was die Kapelle zu einem »Gna-
denort« machte.

1527 erfolgte der letzte große Holzeinschlag und danach
diente der Vilm als »Hudewald«, in dem Rinder und
Schweine gemästet wurden. Neben den alten Eichen siedelten sich Buchen an und es entstand jener Urwald, der
zuerst die Maler, später auch die Mächtigen anlockte. 1936
zum Naturschutzgebiet erklärt, blieb die Insel von »Repara-
tionshieben« durch die sowjetischen Besatzungstruppen verschont. Nach einem Besuch von Otto Grotewohl wurde sie
ab 1959 für den Besucherverkehr gesperrt, um eine Ferien-
siedlung für den Ministerrat der DDR einzurichten. Auch

Walter Ulbricht machte hier im Juli 1968 Sommerferien und wir Jungen Pioniere mussten mit unseren Lehrern vor dem Anleger in Lauterbach Spalier stehen und mit unseren Papierfähnchen winken. Der Staatsratsvorsitzende stieg aus der chromblitzenden Tschaika-Limousine, musterte uns durch seine Brille und befand staatsmännisch und in breitem Sächsisch: »So, so – und ihr seid also die Bioniere!« Die ebenfalls angetretene Parteiprominenz der Insel applaudierte begeistert über diese Erkenntnis. Milde lächelnd begab sich Genosse Ulbricht auf den kleinen Dampfer, der ihn auf den Vilm brachte, gut abgeschirmt vor den Arbeitern und Bauern, die angeblich die Macht im Staate hatten. »Ein unvergesslicher Tag!«, jubelte die »Ostsee-Zeitung«.

Nach 1989 wollten die Rüganer sehen, in welchem Luxus die führenden Genossen auf dem Vilm geschwelgt hatten, und waren dann baff, wie piefig es dort zugegangen war. Keine goldenen Wasserhähne, kein Schwimmbad aus Carraramarmor. Mir fiel die schöne Bemerkung von Harry Graf Kessler ein, die er im Dezember 1918 nach seinem Gang durch die von den revolutionären Matrosen besetzten Privaträume des Kaisers im Berliner Schloss machte: »Staunen, daß die phantasielosen Wesen, die diesen Plunder bevorzugten und zwischen Lakaien und schemenhaften Schranzen nichtig dahinlebten, weltgeschichtlich wirken konnten.«

Die Frage, was nach dem Ende der DDR aus dem Vilm werden sollte, wurde im Herbst 1989 heiß diskutiert: Altersheim, Kindersanatorium, Luxushotel? Erstaunlicherweise setzten sich 1990 die Naturschützer um Leberecht Jeschke, Hans-Dieter Knapp und Michael Succow durch und erreichten die Gründung der Internationalen Naturschutzakademie. Die arbeitet nun schon 22 Jahre an weltweiten Umweltprojekten und hatte bereits so illustre Gäste wie Prince Philip und Prince Charles, Angela Merkel und Jürgen Trittin.

Nach der Ankunft mit der Fähre nimmt Sie ein Mitarbeiter der Akademie in Empfang und führt Sie eine Stunde lang durch den Inselwald. Neben den alten Buchen und Eichen können Sie im Frühjahr Leberblümchen und Lerchensporn sehen und auf den Salzwiesen Natternzungen und Stranddreizack. Im Bodden fischen Kormorane und Graureiher, und wenn Sie Glück haben, zieht ein Seeadler seine Kreise über der Insel.

Mir kommt dieser Weg jedes Mal wie der Gang durch einen verwunschenen Zauberwald vor und ich wäre nicht überrascht, wenn plötzlich die Hexe Thrin Wulfen oder die sieben bunten Mäuse aus den Märchen Ernst Moritz Arndts erscheinen würden. Der »Kleine Vilm« zwischen Waschstein und Schneider ist für Spaziergänger gesperrt, denn hier nisten Enten und Limikolen. Bei der Rückfahrt mit dem Fährschiff nach Lauterbach werden Sie bei guter Sicht auf der Backbordseite den Kirchturm von Garz entdecken. Das ist unser nächstes Reiseziel, zu dem Sie von Putbus aus durch eine der schönsten Alleen Rügens fahren, die noch nicht den Kettensägen des Verkehrsprojekts Deutsche Einheit zum Opfer gefallen ist.

Garz und die Halbinsel Zudar

Garz ist die älteste Stadt Rügens und ihr Name deutet auf eine slawische Burg hin, die hier früher stand. Den berühmten Burgwall können Sie besteigen und haben von dort einen wunderbaren Blick auf den Garzer See. Viele Historiker nehmen an, dass sich hier die »urbs Karentia« befand, jene Fürstenburg, von der Saxo Grammaticus berichtet. Nachdem die Slawen, wie von Bischof Absalon gefordert, die Burg kampflos übergeben hatten, zerstörten die dänischen Kriegsknechte die Standbilder der Götter Rugivit

(Krieg), Porivit (Wetter) und Porenut (Donner). Sie verstehen inzwischen, warum unser Misstrauen gegenüber den vollmundigen Versprechen fremder Heilsbringer so tief verwurzelt ist.

1319 erhielt Garz Stadtrecht und bis 1325 blieb es die Residenz der Rügenfürsten. Mit dem Aufstieg Bergens als zentralem Marktort der Insel folgten die Fürsten dem Handel und zogen auf den Rugard um. Garz verkümmerte zur Ackerbürgerstadt, wurde im Dreißigjährigen Krieg schwer verwüstet und im 18. Jahrhundert von verheerenden Bränden heimgesucht. Aber die Garzer ließen sich nicht entmutigen und bauten ihre Stadt bis 1765 dreimal wieder auf. Rügener Sturheit hat auch ihre bewundernswerten Seiten.

In die Literatur ist Garz durch Ernst Moritz Arndts Märchen vom »Schatzhüter im Burgwall« eingegangen. Es erzählt von einem König, der so geizig und boshaft war, dass selbst der Tod sich weigerte, ihn zu holen. Schließlich wurde er in einen schwarzen Hund verwandelt und muss bis heute tief unter dem Wall sein Gold bewachen. 1988 habe ich ein Hörspiel nach diesem Märchen geschrieben und musste dabei an unsere Parteifürsten denken, die auch nicht von der Macht lassen konnten. Ein Jahr später waren sie die schwarzen Hunde und heulten mit den Wölfen.

Unweit des Burgwalls steht das Ernst-Moritz-Arndt-Museum, in dem Sie Preziosen aus der Garzer Stadtgeschichte und Erinnerungen an Arndt und seinen Kampf gegen die Leibeigenschaft auf Rügen finden. Denn so umstritten der alte Franzosenhasser auch wegen seines martialischen Nationalismus und seiner antisemitischen Ausfälle ist: als Anwalt der Armen, als aufrechter Demokrat und als Sagensammler der Insel verdient er noch heute Respekt. Weswegen Sie sich bei einem Abstecher zu seinem Geburtshaus in Groß Schoritz auch keine Sorgen machen müssen, auf eine politisch unkorrekte Wallfahrt zu gehen. Arndt wurde hier 1769 als Sohn eines freigelassenen Leibeigenen geboren und wuchs mit Bauern und Tagelöhnern auf. Er studierte Theologie und Geschichte in Greifswald und Jena und war anschließend zwei Jahre lang Hauslehrer bei Kosegarten in Altenkirchen. 1803 veröffentlichte er seinen »Versuch einer Geschichte der Leibeigenschaft in Pommern und Rügen«, der wie eine Bombe einschlug.

Die Rügener Großgrundbesitzer schickten dem schwedischen König ein Denunziationsexemplar mit roten Anstreichungen und der Verfasser wurde vom Stralsunder Generalgouverneur einbestellt, um sich zu rechtfertigen. Arndt machte seinerseits Anstreichungen an den Stellen, die das Elend der Leibeigenen auf der Insel beschrieben. Der König war unparteiisch genug, sie zu lesen, und soll anschließend gesagt haben: »Wenn dem so ist, hat der Mann recht.« Vielleicht lag es auch daran, dass der Rügener Adel ihm immer wieder die Aufstellung von Hilfstruppen gegen Napoleon verweigerte, jedenfalls ließ er 1806 mit Berufung auf schwedische Gesetze die Leibeigenschaft abschaffen.

Arndt wusste, wie nachtragend die Rügener Aristokraten waren. Sicherheitshalber ging er erst einmal nach Schweden, heiratete später Friedrich Schleiermachers Schwester Nanny und wurde in Bonn Professor für Deutsche Geschichte. Bis zu seinem Tod blieb er ein eigensinniger Rüganer und schaffte es, sich mit fast allen Königen und Kanzlern anzulegen, die seinen Weg kreuzten. Er verlor mehrfach seine Professur und bekam erst 1840, mit 70 Jahren, die Lehrerlaubnis zurück. Danach hielt er noch 14 Jahre lang Vorlesungen, sehnte sich aber zeitlebens nach seiner Heimatinsel, die er nie wieder sah. Mit »Heimweh nach Rügen« hat er eines der wehmütigsten Inselgedichte geschrieben.

»O Land der dunklen Haine,
o Glanz der blauen See,

o Eiland, das ich meine,
wie tuts nach dir mir weh!
Nach Fluchten und nach Zügen
weit über Land und Meer,
mein trautes Ländchen Rügen,
was mahnst du mich so sehr!«

Die Ernst-Moritz-Arndt-Gesellschaft hat unter ihren passionierten Vorsitzenden Maria Pakulla und Karl Ewald Tietz das Gutshaus von Schoritz vor dem Verfall bewahrt und veranstaltet hier Lesungen und Vorträge zur Inselgeschichte.

Halbinsel Zudar

Wenn Sie schon bis Groß Schoritz gekommen sind, wohin selbst viele Rüganer niemals kommen, sollten Sie auch einen Abstecher nach Zudar machen. Diese Halbinsel ist fast so sagenumwoben wie die Stubnitz. Die Kirchenglocken von Sankt Laurentius wurden der Sage nach von einer Sturmflut an die Ufer der Schoritzer Wiek geworfen und läuteten im Mittelalter den Pilgern, die zur Anbetung eines wundertätigen Marienbildes kamen. Zwei Wallfahrten nach Zudar galten damals so viel wie eine nach Rom. Vielleicht wäre aus diesem südlichsten Zipfel Rügens ein zweites Santiago de Compostela geworden, wäre nicht 1372 ein Boot mit 90 Pilgern am Palmer Ort gekentert und der Ruf des Wunderbildes ebenfalls untergegangen. Vielleicht gibt es auch deswegen auf Zudar so viele Sagen über Seejungfrauen, die mit ihrem Gesang die Menschen zu sich ins Wasser locken. »Niemand hat sie bisher aus der Nähe gesehen, weil der Nebel, dieses leichte Gewand der Seejungfrauen, neugierigen Augen den Blick auf sie verwehrt«, schrieb Arndt. Auch auf Zudar tauchen sie meist bei Nebel oder in der Johannisnacht auf, und dann soll dunkles Glockengeläut vom Meeresgrund zu hören sein.

Wo Störtebeker auf Tollow begraben liegt, verraten aber weder die Seejungfrauen noch jener alte Fischer, der als Einziger seine Lage kennt. Heute ist die kleine Insel eine Kormorankolonie, und wenn Sie sehen, wie die Bäume dort aussehen, werden Sie verstehen, warum hier keiner nach Gold gräbt. Der Palmer Ort an der Südspitze ist eine Schatzkammer eigener Art, für den Sie Entdeckergeist und feste Wanderschuhe brauchen.

Muttland

Die Alleen von Zudar führen gen Muttland durch ein anderes Sagenland: vorbei an Puddemin, wo die sieben Mädchen einer Bäuerin in sieben bunte Mäuse verwandelt wurden, vorbei am Poltenbusch, in dem mitternachts ein Schatzfeuer brennt, und am Kanonenberg, auf dem ein treuer alter Soldat noch als Geist ewige Wache hält. Hinter Sehlen führt ein Feldweg nach Bergen, und obwohl die ehemalige Inselhauptstadt bei den meisten Reiseschriftstellern schlecht wegkommt, sollte Sie das nicht von einem Besuch abhalten.

Bergen

Als die Rügenfürsten ihre Residenz hierher verlegten, zog alles mit, was ein Hof so braucht: Kanzlei, Gericht und Vogtei, also Verwaltungs-, Justiz- und Steuerbeamte. Kein Wunder, dass Bergen auch bei den Rüganern nie sonderlich beliebt war. 1445 brannten große Teile der Stadt und des Klosters ab, aber die Bürokratie stieg immer wieder wie ein Amtsadler aus der Asche. 1539 wurde das Kloster in ein Damenstift umgewandelt, in das der Rügener Adel seine schwer vermittelbaren Töchter und Witwen steckte. 1613 bekam Bergen lübisches Stadtrecht und zog auch Kaufleute an. Der Dreißigjährige Krieg und die ihm folgenden

Brände und Pestilenzen dezimierten Bergens Bevölkerung fast um die Hälfte und ließen die Stadt in elendem Zustand zurück. Davon erholte sie sich in den folgenden Jahrhunderten nur langsam. Erst 1811 fällten französische Soldaten den »Kaak«, einen mittelalterlichen Schandpfahl auf dem Markt. Hier fand im November 1989, ebenfalls mit Verspätung, die erste Protestdemonstration gegen die Vorherrschaft der SED auf Rügen statt, moderiert von dem Bergener Grafiker und Autor Walter G. Goes. Es ging hoch her, 3000 Insulaner waren gekommen und die Partei streute sich öffentlich Asche aufs Haupt. Der Kreisvorsitzende des Bauernverbandes fasste die Wende der Genossen mit dem Satz zusammen: »Die Partei schreibt sich heute auf die Fahnen, was sie gestern auf unseren Transparenten gelesen hat.« Auch diese Art von Politiker-Plagiat flog schnell auf und führte zu dem Ruf nach Einigkeit und Recht und Freiheit, obwohl ein paar ahnungsvolle Zeitgenossen vorgeschlagen hatten, doch erst mal bei den Schweden anzufragen.

In Bergen wurde auch noch zu meiner Schulzeit vor allem veranlagt, gemustert und bestraft. Ich erinnere mich an ein Gerichtsverfahren, an dem wir im Rahmen der »Jugendweihe« teilnehmen mussten, um die Vorzüge der sozialistischen Rechtsprechung kennenzulernen. Angeklagt war ein junger Traktorfahrer, der schon mehrfach aus dem Dorfladen in Samtens Schnaps hatte mitgehen lassen und anschließend mit seinem Trecker krumme Furchen pflügte. Die Liste seiner Sünden war lang, er wurde ausgiebig befragt, gestand alles mit gesenktem Kopf und nach kurzer Beratung wurde das Urteil verlesen. Es bestand aus einer Geldstrafe und Aufbauarbeitsstunden und der Verurteilte wurde gefragt, ob er das Urteil annehme. Er nickte. Aber als er es unterschreiben sollte, schüttelte er den Kopf. Der Richter fragte erstaunt nach dem Grund und der Mann antwortete leise: »Weil ich nicht schreiben kann.« Unsere Klassenlehrerin hatte anschließend große Mühe zu erklären, wie es im sozialistischen Bildungssystem zu solchen Ausfällen kommen konnte, und ausgerechnet während einer Jugendweihestunde lernten wir den Unterschied von Theorie und Praxis.

Nach Bergen kam man nur, wenn man musste: Amtsgericht, Wehrkreis-Kommando, Zahnarzt. Sogar das Kreiskrankenhaus hatte einen denkbar schlechten Ruf, wir sagten: »Willst du sterben, geh nach Bergen.« Heute soll das SANA eines der modernsten in Vorpommern sein, aber ich meide Krankenhäuser und gehe lieber auf Friedhöfe.

Der Bergener ist sehenswert, und auf ihm haben die beiden Inselchronisten Johann Jacob Grümbke und Alfred Haas sowie der Kreisgerichtsdirektor Eckenbrecher ihre letzte Ruhe gefunden. Im Haus dieses kunstsinnigen Juristen gab im März 1855 Clara Schumann ein Konzert, begleitet vom Stralsunder Musikdirektor Bratfisch. Das geladene Publikum war davon so begeistert, dass es der Pianistin am anderen Morgen ein Ständchen brachte. Wenn Rüganer so etwas Ausgefallenes tun, dann hat man sich in ihre Herzen gespielt. Das Haus in der Calandstraße ist leider verschwunden, aber die Erinnerung an dieses Konzert hat sich bis heute erhalten.

Amtsgericht und Landratsamt lagen in Bergen schon seit alters nah beieinander. Die letzte Landrätin der Insel war Kerstin Kassner von den »Linken«, die ihre Rüganer im 200. Jahr des Landkreises Rügen mit flammenden Reden aufrief, gegen die Zusammenlegung mit dem ungeliebten Stralsund zu protestieren. Sogar meine Mutter zog mit ihren Freundinnen vor das Schweriner Schloss und auf ihren Spruchbändern stand: »Drei Worte genügen: Rügen bleibt Rügen.« Die Fusionsbefürworter im Landtag argumentierten mit weniger Bürokratie und niedrigeren Kosten. Inzwischen hat sich herausgestellt, dass die Fusion nicht nur nichts eingespart, sondern erheblich teurer geworden ist und die

Wege für die Rüganer erheblich länger sind. Oder, wie wir schon in der Schule sagten: »Rügen, Rügen – nichts als Lügen.«

Vom Ernst-Moritz-Arndt-Turm auf dem Rugard hat man einen weiten Blick über die Stadt und die Felder des Muttlands. Als Karl Friedrich Schinkel die Insel besuchte, reichte dieser Blick noch über den Bodden bis nach Jasmund, heute ist er zugewachsen. Der preußische Baumeister malte 1821 ein eindrucksvolles Bild von dieser Aussicht, das heute in der Alten Nationalgalerie zu Berlin hängt. »In der Tat, die alten Rügenfürsten konnten zu ihrer Residenz keinen angemesseneren Platz wählen als den Scheitel dieses Berges«, schrieb Johann Jacob Grümbke 1805 in seinen »Streifzügen durch das Rügenland«, die noch immer zum Besten gehören, was über die Insel geschrieben wurde. »Die alte Fürstenburg Rugard oder Rügigard, welche einst hier stand, ist es auch, die dem Berg seinen Namen gegeben hat. … Das ehrwürdige Altertum ist eine Zeit lang sehr entweiht dadurch worden, daß man hier Bierbude und Kegelbahn angelegt hatte. Dieses Institut ist aber wie ein Pilz, dem es gleich war, glücklicherweise bald wieder verschwunden.« Das wünscht man sich heute auch für ähnliche Institute, die während der Saison wie Pilze aus dem Boden schießen. Grümbke sparte nicht mit solchen Spitzen und war deshalb in seiner Heimatstadt alles andere als beliebt. Sollte Sie in Bergen das Bedürfnis nach einem Bier oder einem kleinen Imbiss überkommen, dann empfehle ich das »Bibo Ergo Sum« am Markt oder das »Gutshaus Kubbelkow« vor den Toren der Stadt mit Skulpturenpark und 14 Punkten vom Gault Millau.

Ralswiek

Bevor Sie die Geheimnisse West-Rügens entdecken, sollten Sie vorher den Umweg über Ralswiek machen, weil es hier die Störtebeker-Festspiele und eines der schönsten Schlosshotels der Insel gibt. Es erinnert an die französischen Renaissanceschlösser entlang der Loire und war der Sommersitz von Hugo Sholto Graf Douglas, einem Bergbauunternehmer und schriftstellernden Politiker aus Aschersleben. Nach seinem Tod wurde die Innenausstattung des Hauses zwischen 1912 und 1914 nach Plänen von Henry van de Velde umgestaltet und hat sich bis heute erhalten. In der Jugendstilbibliothek können Sie Rügenbücher lesen, auf der Terrasse mit Blick über Festspielkulissen und Bodden speisen und selbstverständlich auch heiraten. Dazu müssen Sie sich rechtzeitig anmelden, denn Schloss Ralswiek ist eines der beliebtesten Standesämter in Norddeutschland.

Nach der Enteignung der Familie Douglas war hier ab 1946 ein Altersheim untergebracht, und mein Onkel Paul nahm mich manchmal mit, wenn er seine Mutter, meine Urgroßtante Anna, besuchte. Es war etwas unheimlich, die uralten Leutchen in ihren weißen Nachthemden durch die Flure schlurfen zu sehen, zumal sie oft aus den Zimmern kamen, um mir mit zitternden Händen über den Kopf zu streichen. Aber mein Onkel versicherte mir, ich brauche keine Angst vor ihnen zu haben, und so machte ich meine erste Erfahrung mit Alter und Einsamkeit in einem dahindämmernden Schloss am Jasmunder Bodden. Gerd und Marlies Raulff haben es nach 1990 aufwendig renoviert und mit ihrer Sammlung von Rügener Malerei und Grafik ausgestattet.

Ralswiek ist nicht nur durch die Störtebeker-Festspiele mit der Piraterie verbunden, sondern soll schon vor 1168 zu den Verstecken der Familie Raleke gehört haben, deren freibeuterisches Treiben Kosegarten in seinen »Ralunken« besang. Unter Absalon von Roeskilde war das Dorf bischöfliches Gut, unter den Schweden gehörte Ralswiek zum Besitz des Grafen Wrangel und kam später an die Familie von Barnekow zu Ralow zurück. 1967 wurden hier bei Ausgrabungen slawische Kielboote aus dem 10. Jahrhundert gefunden und sechs Jahre später ein großer arabischer Hacksilberschatz. Damit war die Vermutung, dass sich in dieser Innenwiek schon vor mehr als tausend Jahren ein bedeutender Handelsplatz befunden hatte, bewiesen.

Wo gehandelt wird, da sind bekanntlich auch die Piraten nicht weit. Aber die Likedeeler der Störtebeker-Festspiele bitten heute nicht mehr mit Enterhaken zur Kasse, sondern bieten Eintrittskarten für ihre Auftritte an. Dafür reiten, fechten und segeln sie, was das Zeug hält, und in den Umbaupausen singt Jürgen Lippert Balladen. Die Chance, nach dem spektakulären Schlussfeuerwerk im »Störti« nebenan die Seeräuber und ihre Bräute ohne Wehr und Waffen zu treffen und ein Störtebeker-Bier mit ihnen trinken, stehen gut. Die Likedeeler geben auch heute noch den Insulanern Lohn und Brot, denn viele Statisten, Zulieferer und Mitarbeiter dieses erfolgreichsten deutschen Freilichtspektakels sind Rüganer. Die Produktion von »Störtebekers Tod« im Sommer 2012 kostete vier Millionen Euro, beschäftigte 150 Darsteller und Komparsen und wurde von über 360 000 Besuchern gesehen. Alles ohne einen Cent Subvention, denn für Piraten zahlt der Staat nicht. Deswegen heißt das kommende Störtebeker-Abenteuer passenderweise »Die Legende lebt«.

Von Ralswiek aus können Sie über Patzig, Veikvitz und Kluis auf einer kleinen Landstraße nach Gingst weiterfahren. Oder Sie biegen bei Ramitz ab, fahren über Boldevitz nach Güttin, machen vom dortigen Flughafen aus einen Rundflug über die Insel und bewundern alles, was Sie bisher gesehen haben, noch einmal aus der Luft.

West-Rügen

Die Landschaften zwischen Ralswiek und Schaprode haben sich viel von der Stille und Abgelegenheit des alten Rügen bewahrt. Ihre Gutshäuser und Bauernhöfe sind zum großen Teil restauriert oder in Arbeit, und in ihren Dörfern und Kirchen werden Sie unerwartete Entdeckungen machen. Die West-Rüganer haben sich daran gewöhnt, dass die meisten Reiseveranstalter mit Königsstuhl, Bäderküste und Hiddensee werben und ihren Inselteil links liegen lassen. Das hat sich mittlerweile als Vorteil herausgestellt. Immer mehr Menschen, die Ruhe und unberührte Natur suchen, entdecken West-Rügen für sich und bleiben. Dadurch wird die Abhängigkeit vom schnellen Geld der Sommersaison geringer, es gibt weniger Geistergemeinden mit leer stehenden Ferienwohnungen und geschlossenen Geschäften. Und das kulturelle Leben verlagert sich zunehmend in die Kirchen und Kunstscheunen zwischen Landow und Vaschvitz.

Gingst

Das Angerdorf mit seiner bewegten Geschichte erkennen Sie schon von Weitem durch den imposanten Kirchturm von Sankt Jakobi. Im Mittelalter saß hier ein pommerscher Gardevogt und der Pfarrherr durfte sich Präpositus nennen, hatte also auch Grundherrenrechte und gehörte wie Kosegarten zu den vier »Kirchenfürsten« Rügens. Das gab Pfarrer Picht 1773 die Möglichkeit, die zu seinem Patronat gehörenden Bauern aus der Leibeigenschaft zu entlassen und die Damastweber-Innung einzurichten, von der schon die Rede war. Markt und Kirche künden noch vom einstigen Reichtum des Ortes, dessen Ursprünge Sie in den historischen Handwerkerstuben studieren können.

Gingst besitzt den schönsten Buchladen der Insel, den Petra Dittrich mit ihrer Freundin Bea und den beiden Katzen Pauli und Ronja betreibt. Bei lesehungrigen Einheimischen und Feriengästen ist dieses Bücherparadies längst zum Geheimtipp geworden und Sie finden in seinen Regalen fast alles, was in neuester Zeit über Rügen geschrieben wurde. Und eine ebenso freundliche wie fachkundige Beratung, die aus den Bestseller-Supermärkten unserer Städte schon lange verschwunden ist. Jedes Jahr kommen bekannte Autorinnen und Autoren mit ihren Neuerscheinungen und oft wird der Laden so voll, dass Buchhändlerin und Publikum in die benachbarte Kirche oder in die Kunstscheune nach Vaschvitz umziehen.

Für die wohlverdiente Pause nach Ihrem Museums- und Buchladenbesuch holen Sie sich Kaffee und Kuchen aus den »Feinsten Regionalwaren« von Roswitha und Lothar Burgmann-Seewald. Hier kommt alles aus ökologischem Landbau und außer Käse, Brot und frischen Eiern gibt es auch hauseigene Keramik und selbst gemalte Nixen, die schon bis nach Amerika und Australien geschwommen sind. Bei richtigem Hunger empfehle ich die »Alte Post« gegenüber, die hervorragende Rügener Flammkuchen mit Zutaten aus der Umgebung nebst erlesenen Obstbränden serviert.

Apropos Alkohol: Vor einer Lesung machte ich mit meiner Freundin einen Spaziergang auf dem Friedhof hinter der Kirche, weil wir uns auf einem Friedhof in Lexington, Kentucky, kennengelernt und seitdem ein Faible für Totenäcker haben. Plötzlich sahen wir einen Mann vor uns, der mit grüner Gießkanne und großem Rosenstrauß über die Wege wankte, ab und zu stehen blieb und dann mit einem Grabstein sprach. Wir haben zwischen Kentucky und Cooktown so einiges auf Friedhöfen erlebt, aber das war neu.

Der Mann haderte mit den Grabsteinen und wir verstanden erst allmählich, dass er auf der Suche nach seiner Frau war. Und das klang so: »Nee, hier büst du ok nich. Wo driffst du die blots werrer rüm? Is nich all schlimm naug, dat du mie so alleen lotten hest? Nu mütt ick die hier ok noch söken. Nee, Mudding, wat is dat all. Kannst mie nich eis antwuurten, wenn ick die röp? Ick bün dat doch, dien Heiner!« (Name geändert, und auf Hochdeutsch heißt das etwa: »Nee, hier bist du auch nicht. Wo treibst du dich bloß wieder rum? Ist es nicht schon schlimm genug, dass du mich allein gelassen hast? Nu muss ich dich hier auch noch suchen! Nee, Mutti, was ist das alles. Kannst du mir nicht antworten, wenn ich dich rufe? Ich bin's doch, dein Heiner.«) Dann bemerkte er uns, zuckte mit den Schultern und seufzte: »Mudding is wech. Na, jie künnt mie dorbie ok nich helpen. Scheunen Ohmd ok.« (»Mutti ist weg. Na, ihr könnt mir dabei auch nicht helfen. Schönen Abend auch.«) Damit wankte er weiter wie eine Gestalt aus einer Geschichte von Flann O'Brien und wir fühlten uns wie am Tag des Kruges. Aber keine Angst, nicht alle Gingster sind so unterwegs. Die meisten trinken nur zu Familienfeiern oder höchstens einen Klaren zum Sonnenuntergang.

Insel Ummanz

Von Waase auf Ummanz habe ich Ihnen schon im Kirchen-Kapitel vorgeschwärmt, aber die Insel ist nicht nur wegen ihres Antwerpener Altars einen Abstecher wert. Von Gingst aus kommen Sie über die Boddenbrücke am Focker Strom hinüber und können dann entweder Sankt Marien und Thomas Becket besuchen oder Sie parken Ihr Auto beim Restaurant »Holzerland« und machen einen Spaziergang zur Ausstellung des Nationalparkamts. Hier erfahren Sie, warum Ummanz auch »die Kranichinsel« heißt und wo sich die Kranichrastplätze befinden, die in jedem Frühjahr und Herbst von den grauen Glücksvögeln aufgesucht werden. Auch Eisvögel, Gänsesäger und Sturmmöwen nisten zwischen Freesenort und Gahlitz. Die Kranich-Keramiken von Susan Schmorell in der Touristeninformation nebenan sind bereits zu Sammlerstücken geworden, nicht nur bei den Vogelfreunden.

Selbst für viele Rüganer liegt Ummanz noch heute am Ende der Welt. Hier sollen der Sage nach Hexen ihr Unwesen getrieben und sich mit dem Höllenfürsten zu Walpurgis auf einem Findling bei Markow amüsiert haben. Das klingt heute nur noch schön gruselig, aber wenn man die Protokolle der Rügener Hexenprozesse um 1660 liest, dann laufen einem kalte Schauer über den Rücken. Die letzte »Hexe« soll 1677 nach schweren Foltern in Stralsund verbrannt worden sein, und erst im 18. Jahrhundert hörten die Denunziationen und Prozesse auf.

Bis 1901 musste man nach Waase noch mit einer Fähre übersetzen und elektrischer Strom kam erst 1953 auf die Insel. Ihre Abgeschiedenheit hat ihr bisher den rauen Charme bewahrt, der charakteristisch für diesen Landstrich ist. Ummanz kannte, wie Wolfgang Rudolph in seinem Rügenbuch von 1953 schrieb, »vier grimmige Feinde«, von denen das Hochwasser der grimmigste ist. Immer wieder haben Sturmfluten die Deiche der Insel überflutet und die steigenden Wasserpegel machen eine Erhöhung dringend notwendig. Aber dafür ist angeblich nicht genügend Geld vorhanden, wahrscheinlich, weil es für den Straßenbau verplant ist. Die anderen drei Feinde sind Regen, Wildschweine und Kraniche, wobei Letztere inzwischen durch Ablenkfütterungen von den Saaten ferngehalten werden. Ummanz ist nicht nur ein Vogel-, sondern auch ein Surferparadies. Wenn Sie Zeit und Stehvermögen haben, besuchen Sie die Surfschule bei Suhrendorf, wo Sie hart am Wind und mit Blick nach Hiddensee über den Bodden brettern können.

Und wenn Sie dann so richtig klamm und durchgefroren sind, wärmen Sie sich am besten im »Holzerland« in Waase mit einem warmen Sanddorngrog und einem Stück Hecht aus dem Koselower See wieder auf. Probieren Sie zum Abschied unbedingt einen der Obstbrände aus der Ersten Rügener Edel-Destillation in Lieschow, die beim G-8-Gipfel in Heiligendamm serviert wurden. Oder Sie gehen zum Dessert auf die andere Straßenseite in die »Kaffeerösterei« mit ihren exotischen Kaffeemischungen und sündhaft guten Torten.

Trent und Schaprode

Von Ummanz aus kommen Sie über die etwas holprige, aber stille Straße via Rattelvitz, Teschvitz und Grosow zurück auf die Landstraße nach Trent. Die Wegekirche Sankt Katharina wurde vor einigen Jahren gründlich restauriert und prunkt nun wieder mit einem schneeweißen Barockaltar aus der Werkstatt des Stralsunder Holzschnitzers Michel Müller, über dem eine von Engeln getragene Weltkugel schwebt. Die Stärke des Mauerwerks und die Schießscharten zeigen, dass die Kirche in Kriegszeiten als Zufluchtsort für die Dorfbevölkerung diente. Die Trenter waren seit jeher ein wehrhaftes Volk und ließen sich nicht so mir nichts, dir nichts von landgierigem Adel oder marodierenden Landsknechten ins Bockshorn jagen. Das muss hier am Wasser liegen, denn unweit von Trent verbrachte ein später ebenfalls wehrhafter Mann seine Jugend: kein Geringerer als der Sieger von Leipzig und Waterloo, der preußische Generalfeldmarschall Gebhardt Leberecht von Blücher.

Von Trent aus ist es nur noch eine kurze Fahrt bis nach Schaprode, dem Tor zu Rügens kleiner Schwester Hiddensee. Schaprodes dramatische Kirchengeschichte haben Sie schon kennengelernt, umso lohnender ist jetzt ein Besuch in dem kleinen Gotteshaus am Hafen. Der Kirchturm von Sankt Johannes war jahrhundertelang ein wichtiges Seezeichen für die Schiffe, die zwischen Hiddensee und Stralsund verkehrten. Schaprode war Anfang des 18. Jahrhunderts ein bedeutender Segelschiffhafen und seine Kapitäne steuerten ihre Galeassen und Schoner weit über die Nord- und Ostsee bis nach Archangelsk und Lissabon. Davon zeugten lange Zeit auch stolze Dreimaster auf Glasmalereien in den Kirchenfenstern, die leider verloren gegangen sind. Aber auf den alten Grabsteinen des Friedhofs finden sich die Namen der Schifferfamilien Anders, Gau und Underberg und ihre Kapitänshäuser säumen immer noch den Weg zum Hafen. 1993 feierte die Gemeinde ihr 800-jähriges Bestehen und setzte einen neuen Wetterhahn auf die Turmspitze. Das gotische Triumphkreuz mit Maria und Johannes gehört zu den Meisterwerken norddeutscher Holzschnitzerkunst und am Kanzelaufgang können Sie ein seltenes Doppelporträt entdecken: »Was Luther an das Licht gebracht / Hat Bugenhagen bekannt gemacht.« Ob der Doctor Pomeranus allerdings je nach Schaprode gekommen ist, hat noch nicht einmal Pfarrer Martin Holz herausgefunden, der ansonsten die Rügener Tradition geschichtsschreibender Pastoren mit Büchern und Aufsätzen fortführt.

Im Sommer 1988 habe ich einen ganzen Monat in Schaprode verbracht und mir die Geschichte des Kirchspiels von seinem Küster und Chronisten Werner Schröder erzählen lassen, während ich an meinem Hörspiel über den »Schatzhüter im Burgwall« schrieb. Abends saßen wir in seiner Küche mit Blick auf die Insel Öhe oder gingen ein Bier bei »Eier-Keil« trinken.

Die Gaststätte von Arnold Keil war schon damals eine Legende, obwohl der umtriebige Wirt gar nicht mehr hinter dem Tresen stand. Aber seine Sammlung handsignierter Autogrammpostkarten von Asta Nielsen bis Armin Mueller-Stahl beweist noch heute, dass sich hier viel Film- und Theaterprominenz aufgewärmt hat, während sie auf die Fähre nach Hiddensee wartete. Das Menü war seinerzeit überschaubar: Spiegeleier mit oder ohne Speck, dazu Bier mit oder ohne Korn. Dafür gab es aber immer einen interessanten Schnack. Am beliebtesten waren die Geschichten über Lauretta und Ida Schilling, die beiden exzentrischen Besitzerinnen der Öhe, die sich ab 1882 einen 30-jährigen Nachbarschaftskrieg über den Schaproder Strom hinweg mit Dorf- und Kreisoberen lieferten. Dabei soll es auch zum Einsatz von scharfen Doggen, Schrotkugeln und Gendarmerie gekommen sein, bis die beiden Damen das Zeitliche segneten und die Insel an einen Granskevitzer Gutspächter überging. Fedor Sommer hat in seiner Novelle »Das wunderliche Eiland« Etliches zu dieser Fehde hinzugedichtet und sie so vor dem Vergessen bewahrt. Heute betreibt der Urenkel Mathias Schilling auf der Öhe eine Rinderzucht und hat in Schaprode »Schillings Gasthof« mit Bio-Burgern eröffnet.

Als ich in Schaprode im Herbst 2007 auf die Fähre nach Hiddensee wartete, hielt plötzlich ein blauer Mercedes mit Hamburger Nummer neben mir und eine gut erhaltene Hanseatin fragte mich leutselig: »Junger Mann, wo find ich denn hier wohl die Autofähre?« – »Nirgends«, antwortete ich ebenso freundlich, »Hiddensee ist autofrei.« – »Na, Sie sind wohl nich von hier«, bemitleidete sie mich und holte ihre Hiddenseekarte heraus. »Nein«, antwortete ich wahrheitsgemäß, »ich bin von Jasmund.« – »Na, denn können Sie das ja auch nich wissen«, tröstete sie mich und tippte auf die Karte. »Sehen Sie, hier steht es doch groß und breit: Nationalparkhaus!« Und damit rollte sie weiter zum Anleger, kam aber nach kurzem Wortwechsel mit dem Fährmann im Rückwärtsgang und ohne mich eines Blickes zu würdigen, zurückgeprescht. »Was haben Sie der Dame bloß gesagt?«, fragte ich, als das Signal zum Ablegen kam. »Nationalparkhaus is bloß für Trabbis«, griente der Fährmann und riss meine Karte ab.

Wenn Sie mit der Fähre oder dem Wassertaxi nach Hiddensee ablegen, liegt die Öhe an der Backbordseite und an ihrem Nordufer ragen die Findlinge des Steinorts aus dem Wasser, die mich jedes Mal an meine Vorfahren erinnern. Genießen Sie die Überfahrt an Deck, auch wenn der Wind pfeift oder das Schiff stampft und schlingert. Dagegen helfen am besten ein heißer Grog und ein sturer Blick auf den Leuchtturm von Hiddensee.

Hiddensee

»Hier sind Amerikaner gewesen, die haben erklärt, dieses Hiddensee sei doch das Schönste, was sie in ganz Europa gesehen hätten.«

Adolf Wilbrandt, Hiddensee, 1910

Rügens kleine Schwester hat immer darauf Wert gelegt, sich von ihrer großen zu unterscheiden, und das hat sich mit den Jahren nicht geändert.

Ihren ersten Auftritt in der Weltliteratur hatte sie im 13. Jahrhundert in der »Edda«. Dort besingt der Sänger des altisländischen Heldenlieds die Sammlung der großen Kriegsflotte vor Rügen:

»Heißt sie schnell zu den Schiffen zu gehen,
Daß sie aus Brandey uns Hilfe bringen!
Da harrte der König, bis zur Sammlung kamen
Helden viele von Hedinsey.«

Hedinsey oder Hedins-Oe wird als »Insel des Hedin« gelesen, dem Halbbruder des Helden Helge. Saxo Grammaticus preist die Insel in seiner Dänenchronik als »hythini gracilis«, aber ob sich daraus das plattdeutsche »söte Länneken«, das süße Ländchen, abgeleitet hat, ist fraglich. In jedem zweiten Reiseführer wird behauptet, das sei der Name, den die Hiddenseer selbst ihrer Insel gegeben hätten, aber ich habe diese Verkleinerungsform noch von keinem Insulaner gehört. Sie passt auch nicht zu ihrem Vokabular, das rau, aber herzlich ist.

Hiddensee verdankt seine grazile Gestalt den Gletschermassen der letzten Eiszeit. Nachdem die sich zurückgezogen hatten, erhob sich der Dornbusch im Norden über den Wassern und der schmale Inselkern lag nur wenige Meter über dem Meeresspiegel. Die Brandung begann ihre uralte Arbeit, wusch Sand und Kies aus dem Dornbuschufer und spülte es, je nach Windrichtung, im Nordosten oder Südwesten der Insel wieder an. So wuchs sie langsam, aber stetig von den Haken des Bessin bis zum Gellen. Manche Quellen behaupten, Hiddensee sei früher mit Rügen verbunden gewesen, und die Sage weiß, wodurch es zur Trennung kam. »Als die Mönche auf die Insel zogen, um ihr Kloster zu bauen, gab es weder Krug noch Gasthof, so dass sie bei den Einheimischen um Lager und Nahrung bitten mussten. Eines Tages kam ein alter Mönch auch zu Mutter Hidden, aber die war geizig und schlug dem frommen Mann die Tür vor der Nase zu. Der ging weiter zu ihrer Nachbarin, Mutter Vidden, die nahm ihn freundlich auf und gab ihm Bett und Brot. Als er am anderen Morgen weiterzog, sagte der Mönch: ›Vergelt's Gott, und das erste Werk, das du heute vornimmst, soll dir reich gesegnet sein.‹ Mutter Vidden wollte ein kleines Stück Leinwand abmessen, das hinten und vorn nicht reichte, aber als sie damit begann, nahm die Leinwand kein Ende. Sie maß die ganze Stube voll, und erst als sie zur Tür hinausgehen musste, hörte der Segen auf. Als ihre Nachbarin den Leinwandreichtum sah und die Geschichte darüber erfuhr, ermahnte sie Mutter Vidden, den Mönch beim nächsten Mal zu ihr zu schicken. Eines Tages klopfte dieser tatsächlich wieder an ihre Tür, da wurde er wie ein Herr empfangen und bewirtet. Er tat so, als würde er die Absicht dahinter nicht bemerken und sagte zum Abschied das gleiche Sprüchlein, mit dem er Mutter Vidden gesegnet hatte. Kaum war er aus der Tür, lief Mutter Hidden zu ihrem Geldkasten, um Taler zu zählen, aber noch bevor sie damit anfangen konnte, kam ihr ein dringendes Bedürfnis. Sie eilte hinter ihre Hütte, hockte sich nieder, und der Segen erfüllte sich umgehend. Ihr Wasser überflutete das Dorf und die Weide und schließlich auch das Land, das die Halbinsel mit Rügen verband. So kam Hiddensee zu seinem Namen und ist seitdem eine Insel.«

Diese Legende lässt tief in den Hiddenseer Humor blicken, der bis heute kein Blatt vor den Mund nimmt, denn das stört ja nur beim Essen und Trinken und abwischen kann man sich auch mit der Hand. An zahlenden Gästen ist man noch immer interessiert und Bargeld wird lieber gesehen als ein »Vergelt's Gott«. Wer über Jahrhunderte mit Sturmfluten, Eiswintern, Landsknechts- und Touristenheeren fertig werden musste, der hat wenig Zeit für Spitzfindigkeiten. »Drink, wat klor is, segg, wat wohr is!«, heißt ein Trinkspruch auf der Insel: »Trink, was klar ist, sprich, was wahr ist!« Wenn man sich daran hält, kann man gut mit den Hiddenseern auskommen.

Wobei man mit diesem Sammelbegriff vorsichtig sein sollte, denn was auf Rügen die Halbinseln bedeuten, sind auf Hiddensee die vier Inseldörfer. Grieben, Kloster, Vitte und Neuendorf waren immer Welten für sich und werden es wohl auch bleiben. Es hält sich hartnäckig das Gerücht, dass es Klosteraner gibt, die noch nie in Neuendorf waren – und

umgekehrt. Nach Vitte muss man ab und zu wegen Kauf-
halle, Sparkasse, Arzt oder Rathaus, aber nach Grieben und
Neuendorf nicht unbedingt. Andererseits ist das nichts Hid-
densee-Typisches, weil es schließlich auch Westberliner gibt,
die noch nie in Ostberlin waren – und umgekehrt.

Die Sage von Mutter Hidden bezieht sich möglicherweise
auch auf die große Sturmflut von 1304, die auch die Küste
von Hiddensee überflutet haben soll. Der Greifswalder
Geologe Walter Schumacher geht sogar von einer ganzen
Sturmflutserie zwischen 1306 und 1309 aus, für die es historische Quellen gibt. Allerdings bezweifelt er die erwähnte
Landanbindung von Rügen und Hiddensee und verweist sie
ins Reich des Sagenhaften, weil schon frühe Urkunden die
Insellage bezeugen.

Es war auch eine Sturmflut, die 1872 das kostbarste Fundstück aus den Dünen südlich von Neuendorf gespült haben
soll: den Goldschmuck von Hiddensee, den der dänische
König Harald Blauzahn angeblich auf der Flucht vor seinem Sohn Sven Gabelbart auf der Insel vergraben hatte.
Eine dramatische Geschichte, aber leider ohne historischen Beweis. Fast ebenso dramatisch ist der Streit über die
Geschichte des Fundes, der in seinen 16 Einzelteilen von
verschiedenen Findern an das damalige Provinzialmuseum
in Stralsund abgeliefert wurde. Da der Schmuck fast makel-
los erhalten ist, wurde die Geschichte von der Anspülung
lange angezweifelt und über einen Raub aus einem gestran-
deten Kutter spekuliert. Heute hat sich die Ansicht durchgesetzt, dass die Stücke in einem Tongefäß verborgen und so
geschützt waren. Es ist eines der filigransten Meisterwerke
wikingischer Goldschmiedekunst um 970 und mit 70 Millionen Euro versichert. Deswegen holt das Kulturhistorische
Museum Stralsund das Original nur zu besonderen Anlässen aus dem Safe und zeigt ansonsten eine Kopie aus der
Werkstatt des Römisch-Germanischen Museums zu Köln.

Die älteste Erwähnung der Insel findet sich in der Schenkungsurkunde von Wizlaw II. an die Zisterzienser von Neuenkamp im April 1296. Die Rügenfürsten wollten mit solchen Schenkungen ihre Treue zum neuen Glauben unter Beweis stellen und hofften wohl auch, dass mit den Mönchen wirtschaftlicher Aufschwung auf die ärmliche Insel komme. Schon 1297 waren die ersten Gebäude der neuen Abtei errichtet, die dem heiligen Nikolaus, dem Schutzpatron der Seefahrer, geweiht wurden. Die Hiddenseer waren über den Zuzug der Klosterbrüder keineswegs erfreut, weil die ihnen ihre alten Rechte auf Fischfang und Strandgut streitig machten. 1373 und 1389 brannte das Kloster, es kam zu Untersuchungen wegen Brandstiftung und nächtlichen Plünderungen. Auch die Errichtung eines Leuchtfeuers auf dem Gellen, die das Kloster mit Stralsund zur Sicherung der Schiffswege vereinbart hatte, sahen sie mit Argwohn. Je weniger Strandungen, desto weniger Strandgut, und um diese Gottesgabe betete man seit Jahrhunderten: »Herr, segne unseren Strand!« Dass die Hiddenseer dabei mitunter kräftig mit Fackeln vom Strand aus nachgeholfen haben sollen, wird noch heute mit Empörung bestritten. Die Sage weiß auch, wie ein Zingster, der wegen Überfüllung des Himmels nicht hineinkommen konnte, sich damit zu helfen wusste. »Sind auch Hiddenseer drin?«, fragte er den entnervten Petrus. »Und ob!«, erwiderte der himmlische Pförtner. »Hörst du sie nicht lärmen?« – »Bekomme ich einen Platz, wenn ich sie hinausbringe?« – »So viel Platz, wie du willst!« Da legte der Zingster die Hände an den Mund und rief, so laut er konnte: »Schipp up'n Strand!« Im Handumdrehn stürmten alle Hiddenseer durchs Tor, und der Zingster konnte hineinspazieren.

Bald gerieten auch die Mönche mit Stralsund in juristische Händel, die bis zu Beginn der Reformation anhielten. 1534 trat der letzte Abt von Sankt Nikolai das Kloster an die Herzöge von Pommern ab und ging nach Roeskilde. Ein Rentmeister übernahm die Verwaltung des Klosterguts, doch ohne die Mönche verfielen die Gebäude und wurden bald zum Steinbruch für Hütten und Ställe. Die Armut nahm nach dem Auszug der Zisterzienser so stark zu, dass schon 1577 die Hälfte der Insulaner keine Steuern mehr zahlen musste.

An die Zeit der Mönche erinnert heute nur noch die Inselkirche von Kloster und die Grabplatte des Abtes Johannes Runneberg. Und die Sage von den versteckten Klosterschätzen im Aschkoben beim Reedsall, in dem unter anderem zwölf goldene Apostel vergraben liegen sollen.

Als Wallenstein 1628 Stralsund belagerte, wurde die Hansestadt von der Seeseite aus durch die Dänen unterstützt, die sich ihrerseits mit frischem Wasser, Fischen und Holz auf Hiddensee versorgten. Daraufhin schickte der Feldherr eine Strafexpedition auf die Insel und ließ den alten Hochuferwald am Dornbusch in Brand stecken. Nach dem Westfälischen Frieden fiel auch Hiddensee an Schweden und wechselte in dieser Zeit mehrfach die Besitzer. Bis 1754 gehörte die Insel der Rügener Familie von Wolfradt, die sie schließlich an den Stralsunder Kaufmann und Bankier Joachim Ulrich von Giese verkaufte. Der entdeckte an der Nordwestküste blauen Cyprinen-Ton und begann ab 1755 mit der Produktion von »Hiddenseer Fayencen«, die bald auf den Tafeln der vornehmen Familien von Stralsund und Greifswald standen.

Nach Gieses Tod zog sich seine Frau Sophie Elisabeth auf ihr Gutshaus in Kloster zurück, für das sie eine Ausstattung mit kunstvoll bemalten Fliesen in Auftrag gab, die noch heute im Kulturhistorischen Museum von Stralsund zu bewundern sind. Das giesesche Gutshaus soll so elegant gewesen sein, dass ein paar französische Damen, die auf dem Weg nach Sankt Petersburg wegen eines Sturms in Kloster vor Anker gehen mussten, sich in einen Pariser Salon versetzt glaubten.

Als es der Frau Kammerrätin dann doch zu einsam wurde und sie verkaufen wollte, bekam sie Besuch von einer Abordnung ihrer Untergebenen, die sie inständig baten zu bleiben und versicherten, sie würden in Zukunft auch freiwillig mehr Abgaben und Dienste leisten. Dergleichen hat es weder vorher noch hinterher jemals gegeben und die Anekdote zeigt, wie selten die Hiddenseer von einer Herrschaft gut behandelt wurden. Sie kamen bis 1835 unter die Fuchtel des Ritters Wilhelm von Bagewitz, einem Nachfahren der Ralunken von Ralow. Da die Leibeigenschaft seit 1810 auch auf Hiddensee abgeschafft worden war, rächten sich die Gutsbesitzer, indem sie ihren Bauern kurzerhand das Land wegnahmen, was unter dem Begriff des »Bauernlegens« in die Geschichte eingegangen ist. Vielleicht erklärt das die Wut, mit der nach 1945 auf Rügen und Hiddensee die Herrensitze und Schlösser geplündert wurden und warum auch die Losung »Junkerland in Bauernhand!« auf fruchtbaren Boden fiel. Heute ist nach dem Einigungsvertrag alles wieder beim Alten und die Rüganer und Hiddenseer haben gelernt, in Verträgen das Kleingedruckte zu lesen.

Nach dem Ende der Schwedenherrschaft wurde Hiddensee preußisch und kam zum Königlichen Regierungsbezirk Stralsund. Das Kloster zum Heiligen Geist kaufte 1835 die Insel von den Erben Bagewitz und blieb die Besitzerin bis zur Bodenreform von 1945. Berühmt wurde Hiddensee erst um die Wende zum 20. Jahrhundert, als zwei sehr gegensätzliche Künstler auf die Insel kamen. Alexander Ettenburg, ein Gutsbesitzersohn aus Schlesien und verkrachter Schauspieler, war sein Erbe mit einer Künstlerkneipe in Altefähr losgeworden und pachtete mit dem kläglichen Rest einen Fischerkaten in Grieben, den er ab 1895 als »Schwedische Bauernschänke« betrieb. Außerdem verfasste er Freilichtdramen und Reiseführer und rührte, unentwegt reimend, die Werbetrommel:

> *» Oh Hiddensee, mien sötet Land,*
> *Wie bist du leider noch unbekannt!«*

Der andere Dichter war schon im Juli 1885 gekommen und wollte, dass das so blieb. Er hatte reich geheiratet und gerade beschlossen, seine Bildhauerambitionen für die Bühne aufzugeben und Dramatiker zu werden. Vier Jahre später sollte ihm das mit seinem Stück »Vor Sonnenaufgang« auch gelingen und im Lessing-Theater in Berlin einen der größten Theaterskandale des Kaiserreichs auslösen. Wenn Gerhart Hauptmann etwas nicht ausstehen konnte, dann waren es Großstadtrummel und Möchtegern-Boheme. Deswegen schrieb er 1899 an seinen Freund und Förderer Otto Brahm: »Hiddensee ist eines der lieblichsten Eilande, nur stille, stille, daß es nicht etwa ein Weltbad werde!« Ein Weltbad wurde die Insel zwar nicht, aber immerhin das »Capri von Pommern«, wie der Schriftsteller Arved Jürgensohn Hiddensee 1924 in seinem Reiseführer taufte, der noch heute lesenswert ist.

Um diese Zeit hatten hier neben Hauptmann auch schon die Filmstars Asta Nielsen und Otto Gebühr ihre Sommerquartiere bezogen. Namhafte Künstlerkollegen wie Valeska Gert, Alexander Granach, Mascha Kaléko, Otto Klemperer, Käthe Kollwitz, Hermann Muthesius, Max Reinhardt und Ernst von Wolzogen waren ihnen gefolgt. 1924 weilte Thomas Mann mit Familie für einen Sommer in Kloster, befand dann aber, die Insel sei zu klein für zwei Großschriftsteller. Kein Problem mit der Boheme hatte Joachim Ringelnatz, der seine Freundin Asta Nielsen 1929 in ihrem Haus »Karusel« am Norderende von Vitte besuchte und dabei einen Sommer lang so viel Schabernack trieb, dass man noch heute davon erzählt und die Postkarten verkauft, die der Fotograf Max Ebel nach diesem Besuch anfertigte.

In Henni Lehmanns »Blauer Scheune« trafen sich die »Malweiber« des »Hiddenseer Künstlerinnenbundes« Clara Arnheim, Elisabeth Büchsel, Dora Strohschein und Anna Schirbaum und stellten ihre Bilder aus. Heute erinnert ein Stolperstein in Vitte daran, dass die Rassegesetze der Nationalsozialisten Henni Lehmann und Clara Arnheim in den Tod getrieben haben. Auch auf der »Lietzenburg« in Kloster, in die nach dem Tod ihres Erbauers Oskar Kruse dessen Bruder Max mit der berühmten Puppenkünstlerin Käthe Kruse eingezogen war, trafen sich hochkarätige Künstlergesellschaften. Max Kruse hatte Büsten von Nietzsche und Liebermann geschaffen, für Max Reinhardt das Bühnenbild zu Oscar Wildes »Salome« entworfen und kannte aus dem Berliner Café »Größenwahn« alles, was in der Kunstszene der Weimarer Republik Rang und Namen hatte. Einen kleinen Eindruck, wie prominent es in den angeblich goldenen Zwanzigerjahren auf Hiddensee zuging, bekommen Sie im alten Tanzsaal des Hotels »Hitthim« in Kloster. Die Bildergalerie zeigt bekannte und vergessene Gesichter und ruft in Erinnerung, dass hier nicht nur Künstler, sondern auch Wissenschaftler wie Albert Einstein und Sigmund Freud ihre Sommerferien verbrachten. Damit war 1933 Schluss, und die Nationalsozialisten sorgten auch auf Hiddensee dafür, dass nur noch arisch getanzt und gebadet wurde. Selbst Inselpastor Arnold Gustavs predigte für Führer und Reich und die Sandburgen und Strandkörbe wurden mit Hakenkreuzfähnchen dekoriert. An diese Zeit will man bis heute ungern erinnert werden, und wer es, wie Owe Gustavs, der Enkel des Pastors, trotzdem versucht, riskiert Ärger. Darin unterscheidet sich Hiddensee nicht von Rügen.

Nachdem das Tausendjährige Reich auch an der Ostsee vorzeitig untergegangen war, wurde die Insel im Mai

1945 »von einem Kosaken-Kommando von 60 Mann und 80 Pferden« besetzt, wie der Lehrer Heinrich Berg in seiner Chronik vermerkte. Von einem Tag auf den anderen gab es keine Nazis mehr, bis auf den Bürgermeister Mann, der nach dem Einzug der Rotarmisten Selbstmord verübte. Dieser schnelle politische Sinneswandel sollte sich noch einmal 1989 vollziehen, als, wie ein Rügener Freund einmal sagte, plötzlich »17 Millionen Widerstandskämpfer auf die Jagd nach 17 Millionen Spitzeln gingen«. Schon Immanuel Kant wusste, dass wir alle »aus krummem Holze geschnitzt« sind und der Versuch, daraus neue Menschen von moralisch geradem Wuchs zu schnitzen, meistens blutig endet. Dieser brutalen Tischlerpolitik wollten zwischen 1949 und 1989 viele Menschen entkommen und so wurde Hiddensee zum Sehnsuchtsort für Aussteiger und Verweigerer. Ein Sehnsuchtsort deshalb, weil ein dauerhafter Rückzug aufgrund der Wohnraumlage fast aussichtslos war, es sei denn, man hatte das Glück und fand Familienanschluss. Alle anderen mussten sich mit einem Sommerjob als Koch oder Kellnerin zufriedengeben. Diese Zeit wurde umso intensiver genossen. Die Strandpartys und Künstlerfeste waren ein Woodstock an der Ostsee und wurden dementsprechend von Staatssicherheit und Volkspolizei beobachtet. Dennoch wehte über Hiddensee ein Hauch von Freiheit und Grenzenlosigkeit, der selbst auf Rügen so nicht zu spüren war. Das lag vielleicht daran, dass man bei guter Sicht die Kreidefelsen der dänischen Insel Moen sehen konnte und das Gefühl hatte, schon ein leiser Windstoß könne die Insel über die Ostsee bis dorthin tragen. Andreas Apelt und Marion Magas haben die Erinnerungen an diese Zeit in zwei Anthologien mit Zeitzeugenberichten gesammelt.

In meiner Kindheit fuhren wir nur nach Hiddensee, wenn Westbesuch kam. Meiner Mutter war die Insel im Sommer zu überlaufen und im Winter zu einsam. Ich erinnere mich noch gut an meinen ersten Besuch, der im Hauptmann-Haus in Kloster begann und am Leuchtturm auf dem Dornbusch endete. Mich beeindruckte das große Arbeitszimmer mit der Bibliothek, dem alten Globus und den Rügenkarten des Eilhard Lubinus ebenso wie der Blick über die Ostsee nach Skandinavien. Schriftsteller erschien mir als ein angenehmer Beruf, vor allem, wenn man ihn auf einer stillen Insel ausüben konnte. Ich besaß damals weder von der Schriftstellerei noch vom Leben auf Inseln realistische Vorstellungen, obwohl ich schon mindestens zehn Jahre auf Rügen lebte.

In den Achtzigerjahren hatte ich das Glück, zwischen Weihnachten und Neujahr mit meiner Frau und meinem Sohn die Feiertage in einer kleinen Ferienwohnung unter dem Dach der Sparkasse von Vitte zu verbringen. Wir lebten von Weihnachtsstollen und Rosenthaler Kadarka und lasen die alten Rügener Sagen- und Märchenbücher von Alfred Haas, nach denen ich Hörspiele schrieb, um mein Stipendium aufzubessern. Ich musste lernen, dass man auf einer Insel ebenso leicht von der Arbeit abgelenkt werden kann wie in der Stadt, vor allem, wenn das Meer hinter den Dünen rauscht und die Sonne den vereisten Bodden zum Glitzern bringt. Seitdem liebe ich den Winter auf Hiddensee mehr als die Sommermonate, in denen man vor lauter Tagesgästen kaum noch die Insel sieht.

Mein zweites Glück auf Hiddensee war die Begegnung mit Karl Huck und Wiebke Volksdorf von der »Seebühne« in Vitte. Die Leiterin des Hauptmann-Hauses hatte mich und meine Freundin nach einer Lesung auf das kleine Theater aufmerksam gemacht und für uns Karten reserviert. Wir sahen Robert Louis Stevensons »Schatzinsel« und es war, als wären wir in das Theater unserer Kindheit zurückversetzt, als auf der Bühne noch Wunder passierten. Danach saßen wir die halbe Nacht mit der Direktorin und dem künstlerischen Leiter des »Maritimen Kammertheaters« zusammen und fanden bei mehreren Flaschen heraus, dass wir dasselbe Theater, dieselbe maritime Literatur und denselben Rotwein schätzten. Am Morgen ging ich mit einem Regieangebot für den nächsten Sommer nach Hause und inszenierte im Juli 2006 »Robinson Crusoe«, mit dem wir drei Jahre später auf Südamerika-Tournee gingen. Mein Putbusser Traum von einem Kammertheater am Meer war wahr geworden. Seitdem haben wir in der »Seebühne« mit Edgar Allan Poe, Franz Kafka und Johann Wolfgang von Goethe Premieren gefeiert und träumen von einem Gastspiel in Stevensons »Villa Vailima« auf Samoa.

Sollten Sie einen Theaterabend in Vitte in Erwägung ziehen, tragen Sie sich rechtzeitig in die Kartenliste ein oder rufen Sie an, denn die Seebühne ist fast immer ausverkauft.

Rund um Hiddensee

Kommt man von Schaprode aus nach Hiddensee, ist der erste Halt in Vitte. Hier können Sie sich Fahrräder ausleihen, denn die Insel ist bis auf den Arztjeep, die Feuerwehr und den Volkswagen des Inselpolizisten autofrei. Es gibt aber auch einen Bus und jede Menge Kutschen, die Sie nach Grieben im Norden oder nach Neuendorf im Süden bringen.

Neuendorf

An einem probenfreien Nachmittag fahre ich am liebsten von Vitte durch die Dünenheide nach Neuendorf und von dort bis zum alten Süderleuchtturm, der seit 1905 in Betrieb ist. Weiter südlich beginnt auf dem Gellen der Nationalpark Vorpommersche Boddenlandschaft, dessen Kernzone Vogelschutzgebiet und für Besucher gesperrt ist. Der Weg zurück führt Sie am Schwarzen Peter, der schmalsten Stelle der Insel, vorbei. Der Steindamm wurde nach der großen Sturmflut von 1872 errichtet, die Hiddensee hier fast in zwei Teile zerrissen hätte. Der Schulze Johann Karl Schluck war deswegen bis nach Berlin gereist, um allerhöchste Unterstützung für den Deichbau zu bekommen. Er traf zwar nur mit dem Kronprinzen zusammen, aber dem setzte er mit so viel plietscher Hartnäckigkeit zu, dass die Gelder bewilligt wurden. Es half allerdings, dass der Kronprinz Plattdeutsch verstand.

Neuendorf ist heute denkmalgeschützt und seine Reetdachhäuser stehen auf dem Schabernack und dem Plauderberg ohne trennende Zäune und Staketen. Sollten Sie hier Hunger bekommen, können Sie ein Fischbrötchen bei Gesine am Hafen probieren und die »Frau mit Fisch« von Eckard Labs an der Hafeneinfahrt grüßen, bevor Sie nach Vitte zurückradeln. Die »Heiderose«, an der Sie unterwegs vorbeikommen, war früher für ihre ausschweifenden Feste bekannt, ist inzwischen aber, wie die meisten Etablissements der Insel, gut bürgerlich geworden. In der Heide steht auch das Sommerhaus der ungekrönten Königin von Hiddensee, der Schauspielerin Inge Keller vom Deutschen Theater in Berlin. Wenn Sie Glück haben, begegnen Sie unterwegs ihrer Kutsche. Wie bei allen wahren Königinnen genügt eine leichte Verbeugung.

Vitte

Vitte hat nach 1989 die meisten Veränderungen erfahren, und die waren nicht unbedingt zum Besten. Auf den Wiesen des Süderendes drängt sich Ferienhaus an Ferienhaus, und die Neubauten entlang dem Wallweg haben den Charme einer Fertigplatte. Das alte »Hotel zur Ostsee« rottet seit Jahren vor sich hin und neuerdings donnern morgens Müllautos über die Dorfstraße, in denen man halb Rügen entsorgen könnte. Dabei gibt es in Vitte durchaus architektonische Schmuckstücke wie das »Hexenhaus«. Seine Besitzerin Sabine Reichwein lädt zum »Tag des offenen Denkmals« ein und vermittelt so einen Eindruck von den alten Rauchkaten der Insel. Oder Asta Nielsens »Karusel«, das Max Taut entworfen hat und bald wieder ein Museum und, Sie ahnen es schon, ein Standesamt beherbergen soll. Ich halte es ja für ein wenig riskant, in einem Karussell zu heiraten, aber es wird bestimmt unvergesslich. Auch die »Blaue Scheune« und die alte Mühle am Strandweg, die der Architekt Helmut Trauzettel vor dem Verfall gerettet hat, sind eine Erinnerung an jene Zeit, als Immobilien auf der Insel mehr waren als Gelddruckmaschinen.

Die »Seebühne« wird bald das »Figurenmuseum Homunculus« eröffnen und dort ihre Sammlung an Marionetten und Handpuppen ausstellen. Frischen Räucherfisch gibt es im »Fisch-Bistro« am Hafen, von dessen Terrasse aus Sie die neu ankommenden Gäste mustern und sich schon ein wenig wie erfahrenere Hiddenseer fühlen können. Vor allem, wenn die Neuen mit ihren Rollkoffern über den Anleger rumpeln, weil sie den Bollerwagen nicht gefunden haben, der zu Hiddensee gehört wie die Fahrradrikscha zu Berlin-Mitte.

Kloster

Von Vitte aus führt ein Weg über den Boddendeich nach Kloster und auf den Wiesen hinter dem Seglerhafen stehen im Sommer malerisch Schafe und Reiher. In Kloster gelangen Sie linker Hand zur Kulturmeile zwischen Hauptmann-Haus, Inselbuchhandlung und Bernsteingalerien bis zur Kirche. Der sollte Sie unbedingt einen Besuch abstatten, weil es nicht viele Gotteshäuser gibt, in denen es Rosen von der Decke schneit und man sehen kann, dass auch Engel Gewichtsprobleme haben. Hier hat Günter Grass seine Frau Ute kennengelernt, als sie auf der Orgel spielte, und wenn er zu einer Lesung kommt, ist die Kirche bis auf den letzten Platz besetzt.

Auf dem Friedhof haben neben Gerhart Hauptmann und seiner Frau die Choreografin Gret Palucca, der Opernregisseur Walter Felsenstein und die Brüder Kruse ihre letzte Ruhe gefunden. Sie alle wollten für die Ewigkeit auf Hiddensee bleiben, weil man dem Himmel nirgends näher kommt. Das war auch der sehnlichste Wunsch Alexander Ettenburgs, aber dessen Urne ging nach seinem Tod auf dem Postdampfer zwischen Stralsund und Kloster verloren. Ich vermute, dem ungeliebten Einsiedler wurde die erste inoffizielle Seebestattung zuteil. Diese sind heute vor Hiddensee gang und gäbe, sodass der Strand manchmal voller Rosen liegt. Beim Schlendern zwischen den alten Grabsteinen werden Sie bemerken, dass es auf der Insel Familienadel gibt: hier herrschen die Gau und Gottschalk, die Thürke und Tode, die Schlieker und Schluck. »Jeder kümmt eis nah Kloster«, hieß es früher, denn hier war der einzige Friedhof. Der andere, größere, war die See, auf der viele Fischer und Seeleute geblieben sind. Der Schriftsteller Friedrich von Suckow schrieb 1831 in seinem »Winterlichen Reisebild von Hiddensee«: »Sorgsam gewölbte, grüne Hügel, einfache Grabsteine, frömmige Inschriften. Fast alle männlichen Toten kündigt die Grabschrift als Seeleute an, die hier im Angesicht des Oceans von schweren Stürmen ausruhen.«

Wenn auch Sie ausruhen wollen, sollten Sie sich zum »Kleinen Inselblick« durchfragen, der so bekannt ist, dass er auf Werbung verzichten kann. Der Dorsch und der Sanddornpudding von Franz Freitag sind zum Geheimtipp avanciert, weswegen für den Abend eine rechtzeitige Reservierung erforderlich ist. Lassen Sie sich nicht vom knurrigen Ton des Chefs irritieren, das ist Hiddenseer Herzlichkeit und ein Test auf Ihre Geistesgegenwart. Probieren Sie die Karte

ruhig bis zu den Desserts durch, denn der anstrengendste
Teil der Wanderung liegt noch vor Ihnen.

Dornbusch und Bessin

Nach der Aussicht vom »Kleinen Inselblick« oberhalb der
Gaststätte können Sie entweder zu Fuß über den Aschkoben und den Tannengrund zum Leuchtturm wandern oder
mit dem Fahrrad am Reedsall vorbei in Richtung Grieben fahren. Hier liegt das Sagenland von Hiddensee und
wenn Sie unterwegs einem schwarzen Mönch, einer weißen Frau oder einer Schar Unterirdischer begegnen, grüßen Sie freundlich und gehen Sie weiter. Auch die Geister
sind wegen der Stille hier und nicht, um andauernd ausgefallene Wünsche zu erfüllen. Damit behelligen Sie besser die
Kur- und Hafenverwaltung in Vitte.

Seit Wallensteins Brandstiftung wächst ein niedriger Kiefernwald auf dem Dornbusch, durchsetzt von Sanddorn und
Ginster. Den Leuchtturm kennen Sie aus dem ARD-Wet-
terstudio, und wenn Sie jetzt noch Reserven haben, emp-
fiehlt sich eine Besteigung wegen des Ausblicks von seiner
Plattform über die Insel. Auch eine Wanderung auf den
Swantiberg lohnt sich, wo die Tausendfüßlerbank von Jo
Harbort zum Ausruhen einlädt. Der Bildhauer veranstaltet jeden Sommer ein Open-Air-Symposium mit Kollegen
und Studenten der Hochschule für Bildende Künste Dresden, dem die Insel viele kleine Kunstwerke verdankt. Von
hier aus können Sie auf dem Hochuferweg bis zum Enddorn wandern oder auf dem Feldweg am alten Leuchtturm-
wärterhaus vorbei nach Grieben.

Wie ein Stück afrikanische Steppe mutet der Bessin mit
seinen Weißdornbüschen und Salzwiesen an. Auf dem Alten
Bessin führt ein Trampelpfad bis zur Tedingsinsel und zum
Beobachtungsturm, von dem man das Vogelschutzgebiet des
Neuen Bessin observieren kann, auf dem Seeschwalben und

Säbelschnäbler brüten. Steht Ihnen jetzt der Sinn nach einer richtigen Wanderpause, kehren Sie am besten in das Gasthaus »Zum Enddorn« in Grieben ein, den ältesten Gasthof der Insel. Hier stand früher Alexander Ettenburgs »Schwedische Bauernschänke«. Heute serviert Martin Müller frische Hechte oder Zander, die er Ihnen gerne zeigt, bevor sie in die Pfanne wandern. Der ehemalige Vollmatrose der Deutschen Seerederei hat die Gastzimmer mit maritimen Sammlerstücken ausgestattet und sogar der Uniform seines ehemaligen Kapitäns einen Ehrenplatz verschafft. Vorsicht: Beim Läuten der Schiffsglocke auf dem Stammtisch wird eine Saalrunde Aquavit fällig.

Danach können Sie noch zum echten Enddorn radeln, dorthin, wo Hiddensee zu Ende ist und die Küste von Wittow leuchtet. Sollten Sie allerdings vom Radfahren genug haben, ist es möglich, diese Tour auch mit einer Kutsche von Neuendorf, Vitte oder Kloster aus zu machen. Oder Sie treffen sich mit Uta Fritsch zu einem ihrer literarischen Spaziergänge, der Sie zu den Schauplätzen des Hiddenseer Künstlerlebens führt. Sie werden staunen, wer alles auf Hiddensee geschrieben, gemalt, getanzt und gefilmt hat.

Wenn Sie klug genug waren, ohne Auto zu kommen, können Sie bei Ihrer Abreise die Fähre nach Stralsund nehmen und noch drei Stunden lang an Rügens Westküste entlangschippern, was den Abschied etwas leichter macht. Wenn nicht, müssen Sie über Gingst, Samtens und Rambin über die Rügenbrücke fahren und werden trotz B 96n im Stau stehen.

Und weil ich Ihnen nun schon so viel Inselgeschichte zugemutet habe, will ich Ihnen auch noch meine drei Lieblingsorte in der Hansestadt verraten: das Kulturhistorische Museum in der Mönchstraße, das alte Meeresmuseum gleich daneben und das ABC-Antiquariat in der Badenstraße. Hier finden Sie nicht nur Kunst-, Natur- und Leseschätze, sondern auch jene Stille, in der die Vergangenheit von der Zukunft erzählt.

Für den letzten Abschiedsblick gehen Sie am besten auf die Fährinsel am Hafen, winken über den Strelasund hinüber nach Rügen und Hiddensee, werfen einen Blick durch Ihren Hühnergott und wünschen sich was.

Typisch Rügen! Typisch Hiddensee!

Schön und gut, werden Sie sagen, aber für diese Tour braucht man ja mindestens zwei Wochen und hat dann keinen einzigen Tag am Strand verbracht. Was ist denn nun typisch für Rügen, was *muss* man gesehen haben? Diese Frage wird mir in den Zeiten von »Europa-in-zwei-Wochen-plus-Gibraltar« immer öfter gestellt. Ich kann nicht sagen, was Mann oder Frau gesehen haben muss, aber ich stelle mir vor, was ich gern sehen würde, wenn ich zum ersten Mal nach Rügen käme. Was wäre da »typisch Rügen«?

Ganz bestimmt die Alleenstraßen, die mit ihren hundertjährigen Kastanien und Rotbuchen durch den Autoverkehr und die Pläne zur Straßenverbreiterung akut gefährdet sind. Der Hochuferweg zwischen Lohme und Stubbenkammer, wo es wegen zunehmender Regenfälle und Frostperioden zusehends bröckelt. Die Fischereihäfen von Sassnitz und Lauterbach, bevor sie endgültig zu Jachtmarinas werden. Die Granitz und das Jagdschloss, am besten im Herbst, wenn Zeit für einen Spaziergang zwischen Binz und Sellin bleibt. Die Herrenhäuser von Boldevitz und Kartzitz mit ihren

alten Parkanlagen. Die Kirchen von Altenkirchen, Middelhagen und Waase, am besten am Abend bei einem Konzert. Der Große Jasmunder Bodden auf einer Kranichfahrt
und die Kreideküste bei Sonnenaufgang von See her. Die
Leuchttürme von Kap Arkona und der vom Dornbusch bei
Sonnenuntergang. Die Mönchguter Berge und Wieken und
das Pfarrwitwenhaus von Groß Zicker. Der Circus und der
Park von Putbus und eine Vorstellung im Inseltheater. Der
»Rasende Roland«, der zwischen Göhren und Putbus über
die Insel dampft und bei dem man nie genau weiß, ob er in
der nächsten Saison noch genug Kohle unterm Kessel haben
wird. Typisch sind Räucheraal und Rollmops, Sanddorn-
saft und Störtebeker-Bier und die inoffizielle Inselhymne
»Wo die Ostseewellen trecken an den Strand«, die Martha Müller-Grählert in Berlin gedichtet und Simon Kran-
nig in Zürich vertont hat. Absolut untypisch sind Beach-
Polo, Dumper-Rallyes und Cross-Country-Schleppjagden,
die neuerdings als Mega-Events mit Millionen-Werbewert
verkauft werden, weil dabei ein paar Vorabendpromis in die
Kameras winken. Der Rüganer winkt da nur ab.

Richtig: Typisch sind natürlich vor allem die Rüganer,
die schließlich hier leben, auch wenn es immer weniger
werden. Die Bevölkerungszahl nimmt laut Rugia-Journal
2013 jedes Jahr um etwa 700 Einwohner ab. Statistisch gesehen gäbe es in hundert Jahren keine Rüganer mehr, weswegen Sie sich beeilen sollten, mit den verbliebenen ins
Gespräch zu kommen. Das ist zwar nicht ganz einfach, aber
wenn ein Rüganer den Eindruck hat, dass Sie zuhören können, dann wird er Ihnen Geschichten über die Insel erzählen, die Sie nirgends gedruckt finden. »Ein Menschenschlag,
der lange in Harmonie mit Landschaft und Natur, mit Meer
und Stürmen gelebt hat«, schreiben die Bergener Inselhistoriker Barb und Karl Zerning. »Sie gelten als verschlossen
und wortkarg, aber sie werden auch als beständig und ver-

lässlich geschätzt. Ihre Tollatschen und Wrukensuppen sind ebenso gut wie ihr Räucherhering und ihr Hornfisch in Senfsoße.« Das stimmt und klingt versöhnlich. Aber ebenso typisch für Rügen ist auch der Streit, der seit dem Ende der Kaiserzeit über die Zukunft der Insel geführt wird und bis heute anhält. Denn im Streiten sind die Rüganer mindestens so ausdauernd wie beim Fischen und Feiern.

Und sie streiten sich mit ihren Nachbarn auf Hiddensee nicht nur um die Dauer der Sonnenstunden und die schönsten Strände. Seit Hiddensee verwaltungsmäßig zum Amt West-Rügen gehört, gibt es Zoff um Abwasserkosten, Baugenehmigungen, Deichausbesserung und hundert andere Alltäglichkeiten, die zwischen Insel und Amt geregelt werden müssen. Darunter schwelt natürlich immer ein bisschen der Neid der Rüganer auf die Exklusivität Hiddensees, dem Gerhart Hauptmann bescheinigt hatte, »das geistigste aller deutschen Seebäder« zu sein. Diese Besonderheit ergab sich für ihn wahrscheinlich aus seiner eigenen Anwesenheit auf der Insel. Und aus den legendären Weinabenden, zu denen er ins »Haus Seedorn« einlud und die stets hochgeistig und weit nach Mitternacht endeten. Aber ist das heute noch typisch für Hiddensee? Auch in Rügener Künstlerkreisen wird gern gebechert und man ist stolz auf trinkfeste Kollegen wie Hans Fallada oder Heinz Mewius, den autodidaktischen Holzschnitzer und Maler.

Typisch für Hiddensee sind wohl eher die Pferdekutschen und Bollerwagen, die statt Autos und Motorrädern über die Insel rumpeln. Die Fährschiffe, die zwischen Vitte und Kloster über die Salzwiesen zu gleiten scheinen. Der hohe Himmel und das klare Licht, das über Bodden und Heide spielt und Maler aus ganz Europa anlockt. Und natürlich die Hiddenseer, die für nichts auf der Welt mit den Rüganern tauschen würden. Typisch ist die stille Liebe zu ihrer Insel, die schon Fritz Reuter 1830 bei einem Besuch beobachtet hatte: »Eisenharte Männer, die auf dem Walfisch-fang dem nordischen Eis getrotzt haben, sehnen sich nach ihrem ›söten Länneken‹. Und wenn sie alt geworden sind, dann nehmen sie ihren Enkel an der Hand und führen ihn zu dem einzigen Strauch, einem wilden Rosenstrauch, der auf der Düne wächst, und zeigen ihm daran alle Herrlich-keiten der Welt.«

Land unter?

»Rügen war schön«, steht in großen weißen Buchstaben auf dem Bauzaun für die Schnellstraße B 96n bei Rambin. Er markiert das neue Schlachtfeld der Insel, auf dem die Auseinandersetzung zwischen den Naturschützern und den Staugeschädigten auch schon mal handgreiflich und von den wirtschaftlich involvierten Kreisen kräftig angeheizt wird. Denn im Streit um sanften Tourismus mit Nachhaltigkeit für Natur und Umwelt oder Massentourismus mit jährlich steigenden Urlauberzahlen geht es um viel Geld und Einfluss. Zwar ist spätestens seit 2008 klar, dass die Politik des steten Wachstums nicht nur in den USA grandios gescheitert ist, aber auf Rügen gehen die Uhren eben ein bisschen anders. Dumm ist nur, die globale Wirtschaftsentwicklung lässt sich davon nicht beeindrucken. Als sich im November 2012 herausstellte, dass die Kosten des ersten Abschnitts der B 96n zwischen Altefähr und Bergen um 45 Millionen Euro steigen würden, war die Aufregung groß. Der zuständige Referatsleiter für Straßenbau im Schweriner Verkehrsministerium verkündete bei der Gelegenheit, für die Weiterführung der Strecke könnten keine verbindlichen Termine genannt werden. Die Mittel waren schlicht verbraucht, die Krise auf Rügen angekommen. Der Sprecher des Wirtschaftsrats der CDU hatte auch gleich die Schuldigen für die Kostenexplosion ausgemacht: »Einige wenige Naturschützer« hätten das Projekt mit ihren Klagen verzögert und verteuert. Das behauptet zwar nicht einmal die Landesregierung, aber es kommt bei der eigenen Klientel prima an und man kann damit bis zur nächsten Wahl vom eigentlichen Problem ablenken. Von der Kanzlerin lernen heißt siegen lernen, ist die Devise der Rügen-Union.

Die Top-Schlagzeilen der »Ostsee-Zeitung« sind seit Jahren die gleichen: die Auslastungszahlen der Hotels und Pensionen, die Arbeitslosenstatistik und der stete Abstieg von Hansa Rostock. Zumindest die ersten beiden liefern immer weniger Argumente für immer mehr Beton. Und wie viel neue Arbeitsplätze auf Rügen bisher durch das Fällen von Alleen und das Versiegeln von Landwirtschaftsflächen geschaffen worden sind, konnte oder wollte auf Nachfrage bisher weder das Landratsamt noch die Landesregierung verraten. Vielleicht taucht deswegen in der nachrichtenarmen Zeit auch jedes Jahr wieder die Nachricht von Rügens Untergang auf. Meistens sind es zwar nur ein paar Uferabbrüche zwischen Arkona und Südperd, aber sie schaffen es regelmäßig in die überregionale Presse, manchmal sogar bis in die »New York Times«. Rügen ist nach einer gefeierten Ausstellung im Metropolitan Museum auch dort bekannt: »Caspar David Friedrich's Island«. Dann treten Geologen auf und beruhigen die verstörten Rügenfreunde mit dem Hinweis, dass dieser Prozess seit 7000 Jahren vor sich geht.

Manche der Rutschpartien sind allerdings auch Menschenwerk, meist von Hoteliers, die ihren Gästen eine freie Sicht auf die See bieten wollen und störende Bäume kurzerhand fällen. Wenn die Hänge ins Rutschen kommen, wird lauthals nach dem Steuerzahler gerufen, denn Hangsanierungen gehen in die Millionen. Schuld sind auch hier die Totholz-Apostel und Kaulquappen-Nummerierer, die in den Nationalparks Regenwasser und Wildwuchs freie Bahn lassen. Den Vogel schoss ein Hotelier in Lohme ab, der sein Haus am Rande der Stubnitz führt und mit der Nähe zum Nationalpark wirbt, nach dem großen Hangabbruch vor seiner Haustür aber erklärte: »Der Nationalpark wird zur Todeszone. Er muss geschlossen werden.«

Was hat Rügen schon von einem Unesco-Weltnaturerbe-Titel, der den alten Buchenwäldern Jasmunds 2011 verliehen wurde? Dresden hat seinen Titel verloren, und die Touristen kommen trotzdem!

Nun könnte man ja zur Beruhigung der Debatte einen Blick auf vergleichbare Ferieninseln werfen, wie zum Beispiel Cape Cod in Massachusetts, das von John F. Kennedy 1961 zur »National Seashore« erklärt und mit Schutzzonen ausgestattet wurde. Dort kommen selbst die autovernarrten Amerikaner über weite Strecken mit zweispurigen Straßen und Brücken aus, weil sie wegen der Natur aufs Cape fahren und nicht, um Autorennen zu sehen. Nach dem Niedergang von Fischerei und Landwirtschaft haben die Bewohner von Cape Cod begriffen, dass die Natur ihr letztes großes Kapital ist, und gehen entsprechend sorgsam mit ihr um. Aber mit so weit hergeholten Vergleichen beißt man bei der Rügener Betonfraktion auf Asphalt. »Wir müssen beim Bund auf weitere Projekte bestehen!«, verkündete der neue CDU-Landrat nach den schlechten Nachrichten zum Thema B 96n aus Schwerin. Sein Statement erinnerte mich an Heiner Müllers lakonische Bemerkung: »Politik ist Verwaltung von Verzweiflung.« Das muss sie nicht sein. Sie könnte auch, gerade angesichts leerer Kassen und trüber Prognosen, zum Wettbewerb der Ideen werden. Dazu muss man allerdings erst mal welche haben.

Was bleibt dem umweltbewussten Urlauber, den das langsame Verschwinden der Alleenstraßen und der Ausbau der Rennstrecken empört? Rügenboykott und Ausweichen nach Hiddensee und Usedom oder auf den Darß? Die Hoffnung auf das absehbare Versiegen der Verkehrsfördertöpfe? Ich finde es ratsamer, sich vor Ort ein eigenes Bild zu machen und anschließend eine Mail oder einen Brief an die Bundeskanzlerin zu schicken. Schließlich gehört die Insel zu ihrem Wahlkreis und sie weiß nur allzu gut, dass mit den Finanzlöchern auch die Schlaglöcher größer werden. In Portugal muss man die ersten Autobahnen, die mit EU-Mitteln gebaut worden sind, schon wieder schließen, weil das Geld für ihren Erhalt fehlt. Und 125 Millionen Euro für 20 Kilometer Straße sind vielleicht doch keine Peanuts, wenn gleichzeitig die Werften in Insolvenz gehen und die Arbeitslosenzahlen steigen.

Aber nicht nur der Zustand an Land ist besorgniserregend. Auch die Ostsee hat als größtes Brackwassermeer der Erde zunehmende Umweltprobleme. Hier ist der Begriff von der »Todeszone« eher angebracht. Durch die vermehrte Einleitung chemischer Düngemittel aus der Landwirtschaft hat sich das Algenwachstum beschleunigt und der Sauerstoffgehalt des Wassers wurde dramatisch gesenkt. Seit 2008 haben sich die Gebiete, in denen das Leben am Meeresgrund ausgelöscht wurde, mehr als verdoppelt. Die Algenteppiche im Wasser und an den Stränden sind nicht nur ein Problem für den Tourismus, sondern auch für die Fischbestände. Die Erhöhung der Wassertemperaturen und der Anstieg des Meeresspiegels machen auch vor der Ostsee nicht halt. Die Zunahme schwerer Stürme und Fluten bedrohen vor allem tiefer gelegene Küstenabschnitte auf dem Mönchgut, auf Ummanz und auf Hiddensee. Die Vermüllung der Meere ist inzwischen laut »World Ocean Review« auf jährlich sechs Millionen Tonnen angestiegen und kann auch an Rügens Küste besichtigt werden. Die Kosten der Beseitigung müssen von den ohnehin klammen Kommunen bestritten werden und bei 575 Kilometer Küstenlinie kommt einiges zusammen.

Auch politisch steigen die Pegelstände. Durch die forcierte Industrialisierung und Militarisierung der Insel zogen seit 1935 immer mehr Menschen nach Rügen und die meisten blieben. Zu DDR-Zeiten setzte sich dieser Trend fort. Als nach 1989 der Arbeitsplatzabbau in Landwirtschaft, Fischerei und Kreide begann und das Militär abzog, wurden Tausende arbeitslos. Die Hoffnungen auf neue Arbeitsplätze im Tourismus- und Dienstleistungsgewerbe erfüllten sich nur unzureichend. Ankündigungsarien und populistische Generalbässe wurden zu Leitmotiven, die noch heute vor jeder Wahl angestimmt werden. Damit wollen die großen Parteien einen weiteren Rechtsruck verhindern und den eigenen Stimmanteil gegen die zunehmenden lokalen Wählerbündnisse verteidigen. Diese Strategie ist nicht aufgegangen. Bei der Kreistagswahl von 2011 erzielte die CDU 35 Prozent, die Linke 19,5 Prozent, die SPD 19,4 Prozent, die Grünen 6 Prozent, die FDP 4,8 Prozent und die NPD 4,3 Prozent, der Rest verteilt sich auf die Wählerbündnisse. Stärkste Wählergruppe waren allerdings die Nichtwähler mit 51,8 Prozent. Im Landtag von Mecklenburg-Vorpommern kam die NPD auf fünf Sitze und sorgt seitdem mit Eklats für bundesweite Aufmerksamkeit und ein beschämendes politisches Image.

Der Tourismusverband versucht, diesem weit verbreiteten Bild etwas Positives entgegenzusetzen. Im Sommer 2008 brachte er ein Buch heraus, das den anspruchsvollen Titel »Weltklasse« trug. Auf dem Umschlag waren die Kreidefelsen von Stubbenkammer zu sehen, aus denen, wie am Mount Rushmore, die Köpfe von vier älteren Herren ragten: Max Schmeling, Albert Einstein, Heinrich Schliemann und Uwe Johnson. Computergrafik, versteht sich. Das Dumme war nur, dass in dem Buch von 100 Beispielen für unsere Weltklasse 70 der Vergangenheit angehörten. Deutlicher konnte man nicht zeigen, wo heute das Problem liegt.

Die Reaktionen auf den finanziellen und politischen Notstand sind entsprechend drastisch. Als ich 2006 in Seoul Brechts »Dreigroschenoper« inszenierte und mich beim deutschen Botschafter für seine Unterstützung mit einem Rügenkalender bedankte, kommentierte der das Geschenk ganz undiplomatisch mit dem Ausruf »Ah, Rügen – die Abzockerinsel!«. Und erzählte dann, wie er allein in Binz an einem einzigen Tag drei Knöllchen kassiert hatte, die er regelrechten Falschparkerfallen verdankte. Wenn man solche Geschichten in Südkorea zu hören bekommt, hat Rügen ein Problem. Aber man muss nicht bis nach Asien fliegen, um das zu erkennen. Ein Blick in die sommerlichen Leserbriefe an die »Ostsee-Zeitung« genügt.

Also Land unter in allen vier Himmelsrichtungen? Ganz so schlimm ist es noch nicht. Immerhin stehen fast 35 Prozent der Landfläche Rügens unter Naturschutz und die Zahl der Menschen, die die Bedeutung einer intakten Natur für die Wirtschaft begreifen, nimmt zu. Laut einer Umfrage der Universität Greifswald sprechen sich inzwischen 75 Prozent der Insulaner für einen Fortbestand der Nationalparks und Biosphärenreservate aus. Und langsam dämmert auch die Einsicht, dass sich die scheinbaren Gegensätze zwischen Naturschutz und Wirtschaftsentwicklung in einer Demokratie besser abbauen lassen als mit Befehl und Dekret. Das hatten wir nämlich schon mal, und geblieben sind Ruinen und versiegelte Landschaften.

Notwendig wird in Zukunft vor allem der Ausbau des öffentlichen Nahverkehrs, mehr Investitionen in Bildung und Kultur und vor allem eine bessere Zusammenarbeit der Städte und Gemeinden für mehr Witz und Weltoffenheit.

Seeräuber und Bernsteinköniginnen sind ja wild und schön, aber Rügen braucht auch eine Botschaft und Botschafter für seine Zukunft. Nachhaltiger und familienfreundlicher Tourismus, Natur und Entwicklung natürlicher Ressourcen, Kunst- und Gesundheitsinsel – wie könnte das alles in zwanzig Jahren im internationalen Vergleich aussehen? Der ehemalige Ministerpräsident Harald Ringstorff wollte Mecklenburg-Vorpommern zum »Florida des Nordens« machen und hat dafür viel Spott geerntet. Dabei ist Florida gar keine schlechte Adresse. Dort kann man bestens studieren, wo die Einheit zwischen Natur und Tourismus funktioniert und wo sie gnadenlos danebengegangen ist. Zwischen Nassau County und Orlando liegen Welten, genau wie zwischen Dornbusch und Dino-Erlebnispark.

Heute, wo die politischen und wirtschaftlichen Grenzen immer offener werden, kann auch Rügen keine Insel der Seligen bleiben, die sich hinter den Burgwällen der Tradition verschanzt und darauf hofft, dass das globale Unwetter eines Tages abziehen wird.

Meine Vorfahren würden das heute mit ebenso viel Schrecken wie Staunen beobachten, aber am Ende würde ihre Neugier siegen. Insulaner wollten schon immer wissen, was es hinter dem Horizont zu sehen gibt. Und »Nach uns die Sintflut!« zu rufen, konnten sie sich schon ihrer Kinder wegen niemals leisten.

Bis die Jasmunder Klippen wieder in die Ostsee verschwinden und sie in das nächste Kreidemeer verwandeln, sind noch ein paar Millionen Jahre Zeit. Sollten sich meine Hoffnungen allerdings nicht erfüllen und die Sintflut früher kommen, bleibt der Trost, den uns Johann Christian Günther schon vor mehr als 300 Jahren spendete:

»Niemals wird ein guter Mut
In dem Kummersee ersaufen.

Noahs Kasten trotzt der Flut,
Bis die Wasser sich verlaufen.
Wer den Hoffnungsanker hat,
Findet auch ein Ararat.«

Und warum soll der dann nicht auf Rügen liegen?

Plattdeutsches Alphabeet

Im Folgenden möchte ich Ihnen ein paar plattdeutsche Worte vorstellen, die Sie auf den Inseln zu hören bekommen werden und die zu meinem Lieblingswortschatz gehören.

Und wenn man sich auch hüten sollte, als Nicht-Plattsprecher das Plattdeutsche zu imitieren, so ist es doch immer hilfreich, wenigstens zu verstehen, wovon gerade die Rede ist.

Adebor

Der Storch, auch auf Rügen immer noch als der Nachwuchslieferant gehandelt. Das berühmteste Storchenpaar brütet seit meiner Kindheit auf einem Strommast gleich neben dem Bahnübergang vor Bergen, und meine Mutter sang dort immer: »Adebor, mien Bester, bring 'ne lütte Schwester, Adebor, mien Goder, bring een lüdden Broder.« Das mit dem Bruder hat dann auch noch geklappt, weswegen ich zwar nicht lange an den Storch, aber wohl an die Magie solcher Reime geglaubt habe. Adeborsmudder heißt die Hebamme, und Adeborsblaumen sind die Wasserschwertlilien.

Bannig
Groß, gewaltig, außerordentlich. Wird oft ironisch gebraucht: »Du büst jo een bannigen Kierl!« Taucht auch prahlerisch im Hochdeutschen auf: »Wir haben bannig einen gelötet gestern Abend.« Als Resultat hat man dann »bannig die Hacken voll« oder »ein bannigen Kater«.

Christopher
Der Schutzheilige der Schiffer und Fährleute nach Sankt Christopherus. In gefährlichen Situationen hieß und heißt es auf See: »Nu is so wiet, nu möten wie nah Christophern ropen!« Auch sarkastisch gegenüber Aufschneidern: »Hei vertellt von groten Christopher und hett den lütten noch nich seihn.«

Droenbaddel
Schwätzer, Lügner, Angeber. Kommt von »droenen«, also herumdröhnen ohne Sinn und Verstand. »Hei droent den ganzen Dag, blots wohr is nich een Wurd dorvon.«

Engelspierken
Mit dem Engelspferdchen ist die Libelle gemeint. Plattdeutsche Poesie pur.

Fastelabendklaatsch
Fastnachtsfeier. Obwohl die Rüganer nicht unbedingt die großen Karnevalsjecken sind, lieben sie Kostümierung und Maskerade und den Anlass für einen fröhlichen Umtrunk allemal.

Grappen
Flausen, Launen, Unsinn. Ein Lieblingswort meiner Großmutter, wenn mein Großvater mal wieder einen phantastischen Einfall hatte: »Du mit diene Grappen!« Hört man

heute auch manchmal anlässlich politischer Ideen: »so plietsche Grappen.«

Häwen
Himmel. Wird gerne benutzt, um zu prüfen, ob jemand auch richtig Plattdeutsch gelernt hat. Wer »de Hümmel« sagt, ist zugereist. »Hei süht den Häwen förn Dudelsack an!«, sagt man zu einem Träumer.

Hoelten Tüffelschool
So hieß die einklassige Dorfschule, in der man nicht barfuß erscheinen durfte und deswegen Holzpantoffeln trug. Nicht zu verwechseln mit »Tüffeln« in der Küche, das sind Kartoffeln, aus den man zum Beispiel »Tüffelkauken«, Kartoffelpuffer, machen kann. Auch als Schimpfwort beliebt: »Tut mi an'n Tüffel!« – Du kannst mich mal.

Inkacheln
Einheizen. »Ollig inkacheln!«, und zwar ordentlich, lautete im Winter das Kommando zum Ofenanfeuern, aber es kann auch als Aufforderung fürs innere Anfeuern benutzt werden: »Kümmst mit, een inkacheln?« Dann geht es nicht in den Holzschuppen, sondern in die nächste Kneipe.

Juchheidiwater
Kein fröhlicher Schnaps, sondern dünner Kaffee, auch als Lurke, Plörre oder Muckefuck verspottet. Kann man mit dieser Bemerkung zurückgehen lassen.

Kinnings
Beliebte Verkleinerungsform von Kinners, also Kinder. Wird aber auch für Freunde und gute Bekannte benutzt und als Ausruf des Erstaunens: »Kinnings, Kinnings, dat wier knapp!«

Koem
Ist sowohl der Kümmel als Gewürz als auch der Kümmel-
schnaps. Heute wird »Koem« für jeden klaren Schnaps verwendet: »Lot uns mol een lütten Koem drinken!«

Kroppzeuch
Heißt auf richtigem Platt »Kropptüüch« und meint kleines
Getier wie Würmer, Käfer und Mäuse. Wird aber auch als
Schimpfwort auf nervende Kleinkinder angewendet.

Lütt
Wenn bei jemandem ein Kind nach dem anderen kam, hieß
es früher: »Dor kümmt lütt up lütt.« »Een Lütten sitten hebben« bedeutet, leicht angeschickert zu sein.

Moors
Der Hintern. Wird aber auch abwertend für alles Mögliche
verwendet: »Dar is för'n Mors!« heißt: Das ist nichts wert.
»Moorslicker« heißen Schleimer und Kriecher.

Nackus
Kein FKK-Dinner, sondern ein spätes Abendbrot bei echten Plattschnackern, auf der ersten Silbe betont. Verball-
hornt von Nachtkost.

Ökelnam
Spott- oder Spitzname, manchmal auch ein Zusatzname,
wenn auf kleineren Inseln oder Dörfern mehrere Leute mit
den gleichen Vor- und Nachnamen leben, vor allem auf
Hiddensee und Mönchgut gebräuchlich. Wird aber meist
nur familienintern verwendet. Sollten Sie also hören, wie
jemand »Kitting« oder »Zoting« gerufen wird, sprechen Sie
ihn oder sie besser nicht damit an.

Olljohrsabend

Silvester. Für den letzten Tag des Jahres gab und gibt es viele besondere Bräuche, wobei die Silvesterknallerei gegen die bösen Geister noch heute auf Rügen chinesische Dimensionen hat. Der Backofen musste ruhen, aber Tollatschen aus Schweineblut, Mehl und Rosinen in Frikadellenform konnten auf dem Herd gebraten werden.

Pomuchelskopp

Querkopf, durch Fritz Reuter von »Dorschkopf« her in die plattdeutsche Umgangssprache eingebracht. Wenn Sie jemand so bezeichnet, hält er Sie für störrisch und verquer. Wird manchmal aber auch liebevoll benutzt, es kommt also ganz auf den Klang und den Umstand an.

Quart

Sowohl ein Litermaß bei Bier und Branntwein als auch die vierstündige Wache an Bord. Wenn Sie jemanden »Reis, Quartier, in Gottes Naam!« rufen hören, bedeutet das Aufstehen, von »to rise«, zu einem Quart. Wenn Sie nicht gerade auf einem Schiff sind, können Sie es getrost ignorieren und weiterschlafen.

Rasmus

Schwerer Sturm, der sich in Sturzseen über die Bordwand wirft und die Aufbauten ins Meer reißt. »Rasmus is uns över!«, riefen die verzweifelten Seeleute, wenn die Segel in Fetzen gingen, und wurde ein Seemann dabei über Bord gespült, hieß es: »Rasmus hätt em haalt.«

Spökenkieker

Hell- oder Spukseher. Damit kann sowohl jemand bezeichnet werden, der das zweite Gesicht hat, wie jemand, der überall Unheil sieht. Auf Rügen wird diese Gabe den Sonntagskindern und den Schäfern nachgesagt. Auch die Kartenlegerin heißt »Spökenkiekersch«.

Tittenangst
Heimweh. Ein rätselhaftes Wort, das ich zuerst von meinem Onkel Paul in einer Geschichte aus dem Krieg gehört habe: »Öwer as wie bit nah Russland sulln, dor kregen wie denn doch Tittenangst.« Wenn etwas sehr gut schmeckt, dann »schmeckt dat as Titt«.

Utklamüsern
Austüfteln. Meist ironisch, aber manchmal auch bewundernd. »Dat hest du die all aleen utklamüsert?«

Verbumfiedeln
Geld auf den Kopf hauen, meist im Sinne von feuchtfröhlichem Verschwenden. Früher konnte es auch »schwängern« bedeuten, wobei es ja auch fröhlich zugehen kann. Wird aber heute selten in diesem Sinn verwendet. Trotzdem auf der zweiten Silbe betonen.

Waterkant
Die Wasserkante, also unsere Küste von Altefähr bis Zudar. Hat inzwischen auch Eingang ins Missingsch und sogar ins Hochdeutsche gefunden. Auf der ersten Silbe betonen, aber die muss schön lang gezogen werden.

Wruken
So heißen auf Rügen die Kohlrüben und sie gehörten neben Hering und Kartoffeln zu den Armeleutegerichten. Aus Wruken wurden Suppen, Eintöpfe, Marmelade und sogar Ersatzkaffee gemacht. Bei unseren Nachbarn nannte man sie die »Mecklenburger Ananas«.

Zislaweng

Trick oder Kniff, aber auch: etwas mit Elan unternehmen. »Dat bruukt bäten miehr Zislaweng!«, heißt es, wenn der nötige Schwung fehlt. Kommt wahrscheinlich aus dem Französischen, wie viele schöne Worte auf Platt: Adschüss, Musjee, Resong oder Schossee.

Kleine Bücherkiste zum Weiterschmökern

Elizabeth von Arnim, *Elizabeth auf Rügen*. Berlin 1992
Ernst Moritz Arndt, *Erinnerungen 1769–1815*. Berlin 1985
Carl Gustav Carus, *Eine Rügenreise im Jahre 1819*. Weimar
    1966
Hanns Cibulka, *Ostseetagebücher*. Leipzig 1990
Hans Fallada, *Wir hatten mal ein Kind*. Hamburg 1980
Theodor Fontane, *Effi Briest*. Frankfurt am Main 1995
Caspar David Friedrich, *Dokumente seines Lebens*. Dresden
    1985
Philip Galen, *Der Strandvogt von Jasmund*. Bergen 1997
Johann Jacob Grümbke, *Streifzüge durch das Rügenland*. Leip-
    zig 1988
Alfred Haas, *Rügensche Sagen und Märchen*. Stettin 1903
Karl Hagemeister, *Von Werder bis Lohme*. Berlin 2006
Gerhart Hauptmann, *Im Wirbel der Berufung*. Berlin 1996
Ulrich Jahn, *Volkssagen aus Pommern und Rügen*. Bremen
    1999

Arved Jürgensohn, *Hiddensee. Das Capri von Pommern.* Hamm 1997

Wolfgang Koeppen, *Jugend.* Frankfurt am Main 1986

Gotthard Ludwig Kosegarten, *Briefe eines Schiffbrüchigen.* Bremen 1994

Heinrich Laube, *Eine Fahrt nach Pommern und der Insel Rügen.* Bremen 1996

Mirko Liencke und Steffen Leistert, *Das Rügen-Kochbuch.* Clenze 2012

Heinz Mewius, *Der Hexer von Rügen.* Berlin 2002

Joachim Ringelnatz, *Sämtliche Gedichte und Erzählungen.* Zürich 1995

Wolfgang Rudolph, *Die Insel Rügen.* Rostock 1990

Philipp Otto Runge, *Briefe und Schriften.* Berlin 1981

Fritz Petrick (mit Hannes Knapp und Sven Wichert), *Rügens Geschichte von den Anfängen bis zur Gegenwart.* Putbus 2008–2012

Karl Friedrich Schinkel, *Briefe, Tagebücher und Gedanken.* Berlin 1922

Ingrid Schmidt, *Rügener Steine erzählen.* Rostock 2012

Wilhelm Steffen, *Kulturgeschichte von Rügen bis 1815.* Köln und Graz 1963

Franziska Tiburtius, *Erinnerungen einer Achtzigjährigen.* Berlin 1923

Dieter Zimmerling, *Störtebeker und Co.* Hamburg 2000

Dank

Für Hilfe und Unterstützung bei der Arbeit an diesem Buch bedanke ich mich herzlich bei Anna von Arnim, Birgit Bendzko, Frank Biederstaedt, Caroline Carus, Petra Dittrich, Karl Huck, Bettina Feldweg, Walter Goes, Horst Groeger, Frieder Jelen, Wolfgang Henkel, Martin Holz, Hannes Knapp, Sylvia Knöpfel, Irma Kramer, Susanna Misgajski, Peter Müller, Rico Nestmann, Marlies Preller, Wolfgang Rudolph, Iris Schröter, Ingrid Schmidt, Ulf Steiner, Eva Teschke, Wiebke Volksdorf, Holger Vonberg, Erdmut Wizisla, Claudia Zecher, Barb und Karl Zerning sowie bei meinen Vorfahren Anna, Albert, Ella, Erna, Hannes, Hedwig, Hilde, Hertha, Jochen, Karl, Maria, Martha, Paul, Richard und Wilhelm Steinort. Und bei Karen, mit der ich auf jede Insel dieser Welt fahren würde.

PIPER

Ariane Grundies

Gebrauchsanweisung für
Mecklenburg-Vorpommern
und die Ostseebäder

208 Seiten. Gebunden

Schon während ihrer Kindheit wollte Ariane Grundies auf
Hiddensee leben, in einem der weiß leuchtenden Reetdachhäuser – am liebsten als Sanddornpflückerin oder Bernstein-
jägerin. Und bis heute sehnt sie sich zurück. Nach Meck-
lenburg-Vorpommerns sprödem Charme und nach Ostsee
satt. Nach Herrenhäusern und Schlössern, nach Schwerin
und Wismar mit ihren prachtvollen gotischen Backsteinbau-
ten. Nach Kranichen, die über leuchtend gelbe Rapsfelder
fliegen. Nach uralten Kastanienalleen, Plaudereien auf Plattdeutsch und den jährlich stattfindenden Saunameister-
schaften. Nach Bratheringen und der Ruhe beim Angeln. Und
nach dem Wind auf Rügen, der über den Pommesstand
beim Kreidefelsen weht.

01/1852/01/L

PIPER

Silke von Bremen

Gebrauchsanweisung für Sylt

224 Seiten mit 1 Karte. Gebunden

Sylt zählt knapp 20 000 Einwohner und ist dennoch
Deutschlands Urlaubsinsel Nr. 1. Silke von Bremen kennt
sich in der Historie so gut aus wie in der Gegenwart. Sie
weiht uns in die Befindlichkeit der Insulaner ein, erklärt die
feinen Unterschiede zwischen Kampen und Keitum, lässt
uns die Insel mit anderen Augen sehen. Denn Sylt ist mehr
als Schickimicki, Gosch und Sansibar. Verblüffend ist die
Vielfältigkeit dieses Mikrokosmos, grandios sind die
Naturräume, unerwartet die Geschichten dieses gerade mal
100 Quadratkilometer großen Eilands zwischen List und
Hörnum. Auf dem vieles ganz anders ist als erwartet, und
sei es, dass alle Möwen Emma heißen …

01/1933/01/R